Benötigte Technik:

- Smartphone/Tablet
- Computer mit Webcam
- Evtl. Headset (Kopfhörer mit Mikrofon)
- Stabile und schnelle Internetverbindung, am besten WLAN

Die Möglichkeiten

- Telefonat
- Videonat
- Kurznachrichten
- Datenübertragung (Foto)
- Gruppen/Konferenzen mit bis zu 50 Teilnehmern
- Teilen des Bildschirms

Funktioniert auf:

- Android Smartphones
- Android Tablets
- iPhone
- iPad
- Windows-Computer
- Apple-Computer

Skype ist kostenlos!

ABER:
Das Programm sammelt gerne die persönliche Daten von Ihnen und Ihren Kontakten, um diese dann „weiterzuverarbeiten".

Skype

ist das Urgestein der Video-Telefonie und hat(te) einen ähnlichen Status wie Tempo bei den Taschentüchern. Die Firma wurde 2003 in Schweden entwickelt und gehört seit 2011 zu Microsoft.

In letzter Zeit wurde es allerdings etwas ruhig um den einstigen Markführer und mittlerweile gibt es viele Alternativen.

Das ändert aber nichts daran, dass Sie mit Skype ganz einfach in Verbindung bleiben können:
Mit Familie, Freunden und Bekannten – weltweit und kostenlos.

Der große Vorteil:

Skype ist für nahezu alle Betriebssysteme erhältlich und ermöglicht so eine geräteübergreifende Kommunikation.

Tipps für ein reibungsloses Videonat:

- Ruhiger, nicht zu halliger Raum
- Gute Beleuchtung (Tageslicht, von vorne)
- Ruhiger Hintergrund
- Hardware (Kamera, Mikrofon) vorab testen
- Stabilen Stand für Ihr Gerät
- Schauen Sie direkt in die Kamera
- Langsam sprechen
- Den anderen ausreden lassen
- Für Gruppen einen Moderator definieren
- Schnelle und stabile Internetverbindung (WLAN)

Die Bedienung

von Skype ist vergleichbar mit vielen anderen Messengern. Aber es gibt einige Funktionen und Einstellungen, die nicht auf den ersten Blick zu sehen sind.

All das erkläre ich Ihnen in dieser Anleitung:
Einfach, verständlich und Schritt für Schritt.

Ich wünsche Ihnen viel Spaß und Erfolg
mit Ihrer Anleitung für Skype

Helmut Oestreich
Autor und Herausgeber von Die!Anleitung

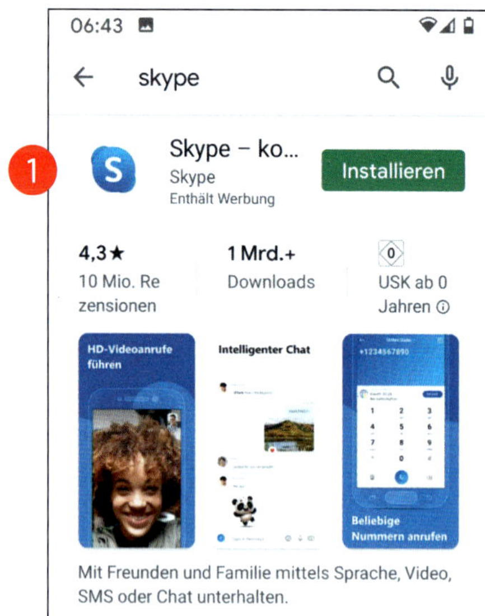

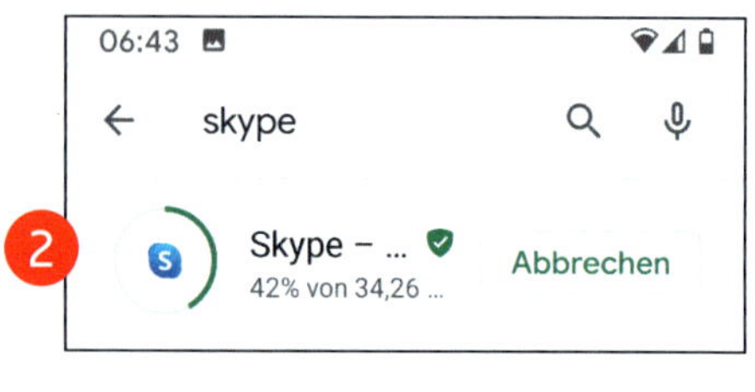

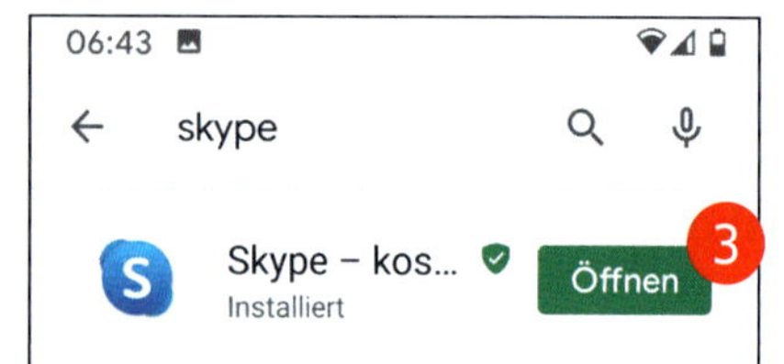

Skype Download & Installation

Die App finden Sie im:
- Play Store > Android
- App Store > iPhone/iPad

Achten Sie darauf, dass Sie die richtige App installieren. Sie erkennen das am Logo und dem Wort Skype ohne Zusätze (1).
Also nicht Skype Lite, Skype Business oder ähnliches.

Der Download der Daten wird durch einen grünen Kreis angezeigt (2), der sich langsam schließt. Nach der Installation können Sie die App sofort öffnen (3) oder Sie schließen den Play Store und starten die App vom Startbildschirm (4).

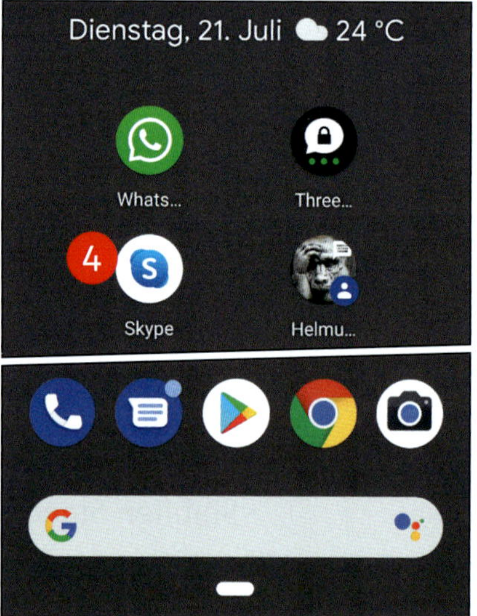

Zusätzliche Infos zu Updates und Änderungen finden Sie auf www.die-anleitung.de > Tipps & Tricks:

Und auch mein kostenloser Newsletter hält Sie dazu auf dem Laufenden:

Gut zu wissen:
Bedienung, Darstellung und Funktionen von Smartphones, Tablets und Apps unterliegen einem stetigen Wandel. Bei neuen Versionen (Updates) gibt es oftmals kleine Änderungen:
Ein spezielles Extra hier, ein verändertes Symbol dort.

Eine gedruckte Anleitung kann aber immer nur einen bestimmten Zeitpunkt und eine bestimmte Version abbilden.
Deshalb erkläre ich Ihnen in dieser Anleitung die Grundlagen so genau und verständlich, dass Sie Änderungen/Anpassungen einfach „übersetzen" können.

Skype

[skeip]

für Android Smartphones & Tablets

iPhone & iPad

Computer

HINWEISe:

· Basis für diese Anleitung war der Status am **10.1.2021** mit der Skype-Version **8.67**.

Die Screenshots stammen von einem Google Pixel 3 mit **Android 10**.

· Telefonate und Videonate benötigen viel Datenvolumen und sollten nur im WLAN durchgeführt werden.

· Eine verschlüsselte Übertragung ist möglich, muss aber als „Private Unterhaltung" extra aktiviert werden! Mehr dazu auf Seite 28.

· In meinen Anleitungen verwende ich immer die männliche Ansprache. Damit möchte ich niemanden diskriminieren, sondern lediglich die Darstellung und die Übersicht vereinfachen.

Inhaltsverzeichnis

Anmelden & Konto einrichten

Beim ersten Start werden Sie durch die Anmeldung geführt. Beim Willkommens-Bildschirm tippen Sie auf Los geht's (1) und danach auf Anmelden oder erstellen (2).

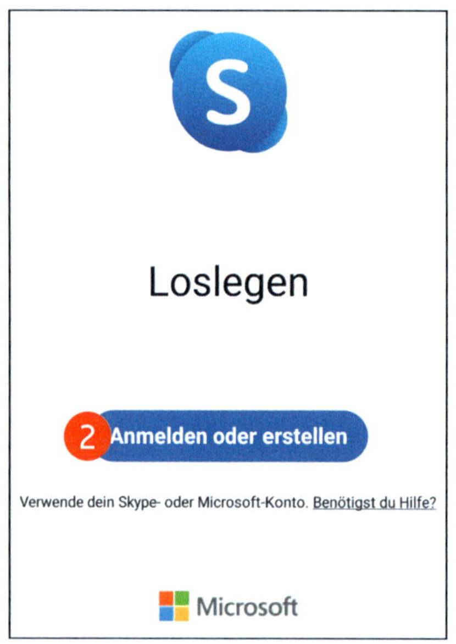

Danach startet die eigentliche Anmeldung:

(3) Sie haben bereits ein Konto?
Dann geben Sie hier Ihre E-Mail-Adresse, die Telefonnummer oder Ihren Skype-Namen ein und tippen dann auf Weiter (3a).

Neues Konto anlegen

Das ist der Weg für unser Beispiel. Tippen Sie dazu auf Dann erstellen Sie jetzt eins! (4)

Für die Registrierung verwenden Sie entweder Ihre Telefonnummer oder Ihre E-Mail-Adresse.

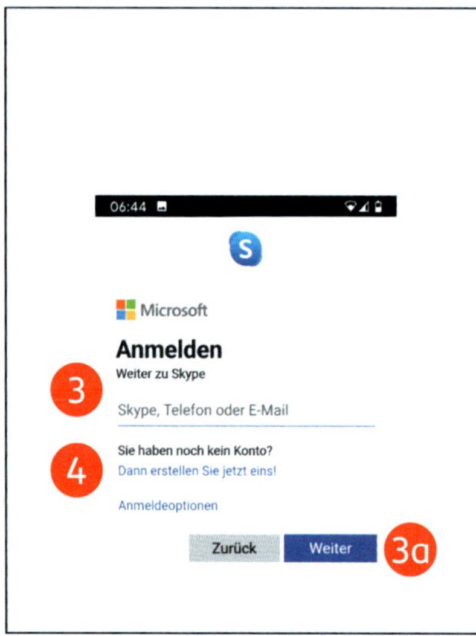

HINWEIS:
Manchmal erhalten Sie schon vor der eigentlichen Anmeldung eine Auswahl der bereits am Gerät gespeicherten Daten (5).
Tippen Sie hier auf die Telefonnummer oder die E-Mail-Adresse, werden diese Daten automatisch eingetragen.

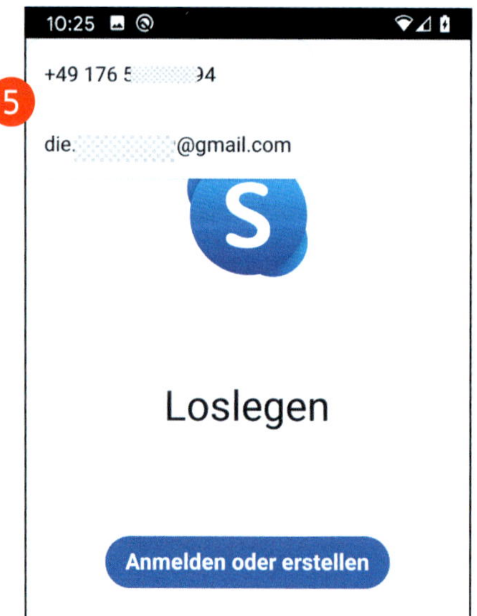

Danach dauert es einen Moment, Skype verbindet sich dann mit den Servern von Microsoft.

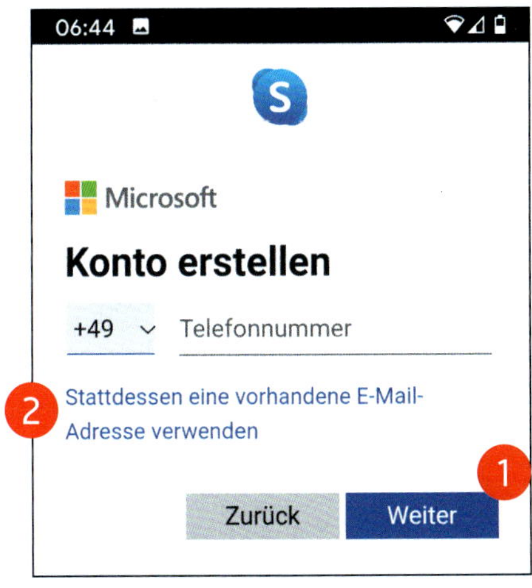

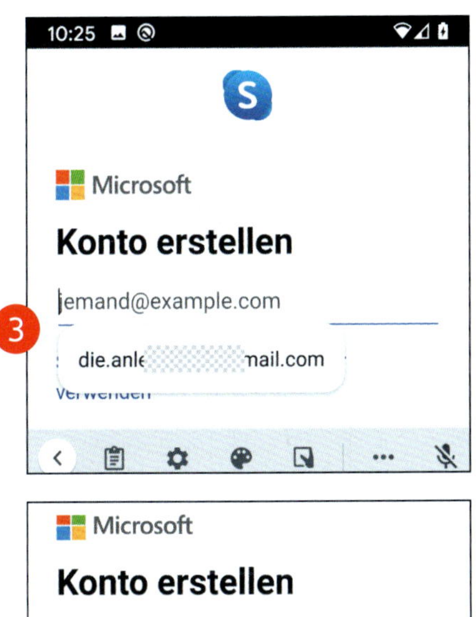

Telefon / E-Mail

WICHTIG:
Die Telefonnummer bitte ohne erste Null eingeben!

Aus „0172 xxx" wird also "172 xxx.

Bestätigen Sie Ihre Eingabe mit einem Tipp auf Weiter (1) bzw. den Pfeil in der Tastatur.

Für die Anmeldung mit einer E-Mail-Adresse tippen Sie bitte auf Stattdessen eine vorhandene E-Mail-Adresse verwenden (2). Dann werden Sie aufgefordert, Ihre E-Mail-Adresse einzugeben.
Auch hier wird oftmals die bereits existierende Adresse vorgeschlagen (3).

WICHTIG:
Überprüfen Sie Ihre Eingabe vor dem Absenden.

Passt alles, bestätigen Sie Ihre Eingabe mit einem Tipp auf Weiter (4) bzw. den Pfeil in der Tastatur (5).

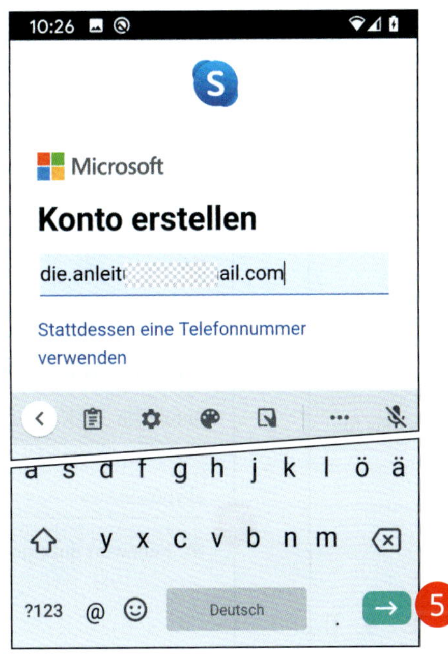

Weiter geht's auf der nächsten Seite >>

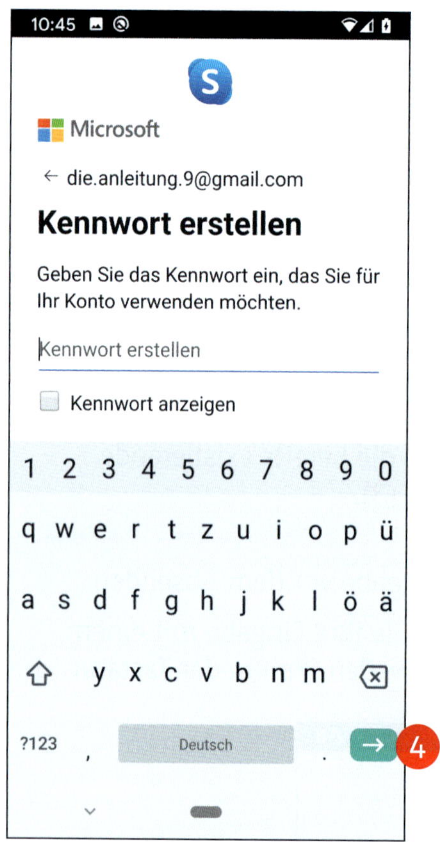

Kennwort

Mit diesem Kennwort schützen Sie Ihr Skype-Konto vor dem Zugriff durch Fremde. Verwenden Sie dafür unbedingt mehr als 6 Zeichen, eine Mischung aus Buchstaben und Zahlen.

Bei der Eingabe werden zur Sicherheit nur Punkte angezeigt (1). Um Ihre Eingabe zu kontrollieren, tippen Sie auf Kennwort anzeigen (2) und das Kennwort wird „entschlüsselt".

WICHTIG:
Notieren Sie jetzt gleich das Kennwort an einem sicheren Ort: Einer Datenbank, einem Passwort-Manager oder gleich hier:

____

Ist das erledigt, schieben Sie das Fenster nach oben und tippen auf Weiter (3). Der Pfeil in der Tastatur (4) funktioniert nicht immer!

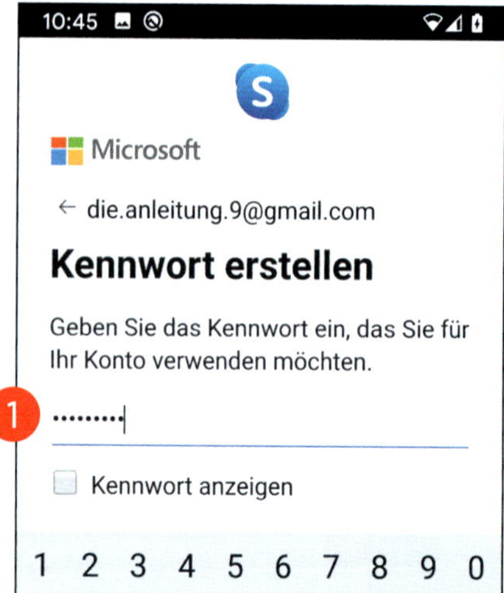

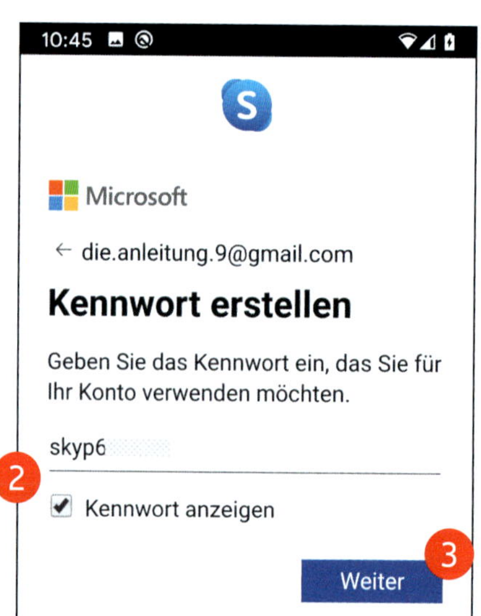

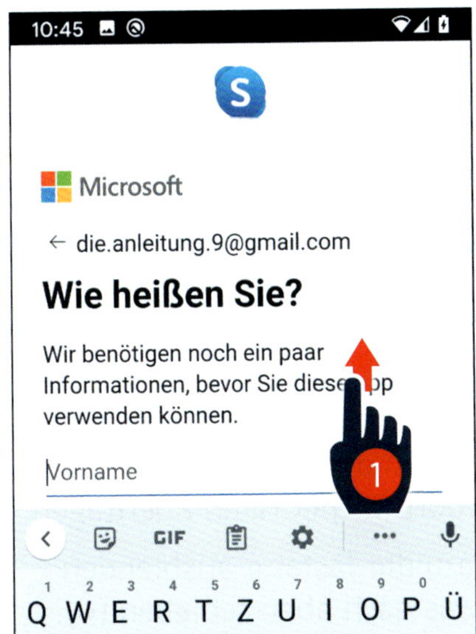

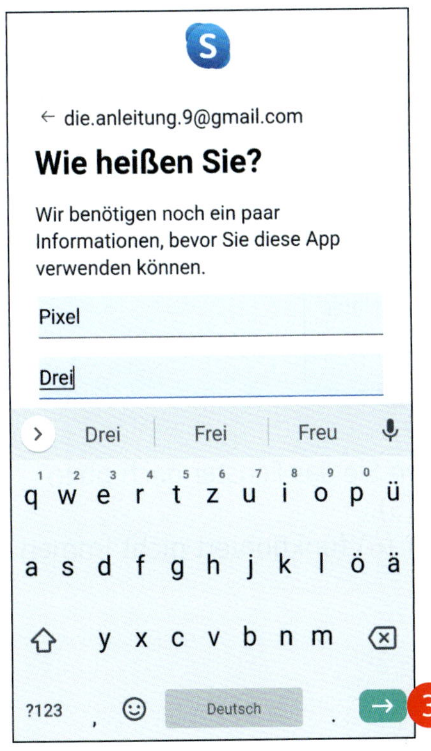

Persönliche Daten

Jetzt folgen Vorname und Nachname. Schieben Sie dazu das Fenster etwas nach oben (1), um beide Einträge zu sehen.

Auch hier erhalten Sie eventuell einen Vorschlag mit bereits gespeicherten Daten (2). Geben Sie die Daten ein und tippen Sie dann auf den grünen Pfeil in der Tastatur (3).

WICHTIG:
Weder bei Ihrem Namen noch beim Geburtsdatum müssen Sie die tatsächlichen Daten eingeben!

ABER:
Um von anderen gefunden zu werden, ist zumindest ein echter Name schon sehr hilfreich.

Beim Geburtsdatum können Sie getrost flunkern, Sie sollten sich aber älter als 28 Jahre machen :-)

WICHTIG:
Notieren Sie jetzt gleich das Kennwort an einem sicheren Ort: Einer Datenbank, einem Passwort-Manager oder hier:

Vorname ______________________

Nachname ____________________

Geburtsdatum _________________

Geburtsdatum eingegeben?
Dann tippen Sie auf Weiter (4).

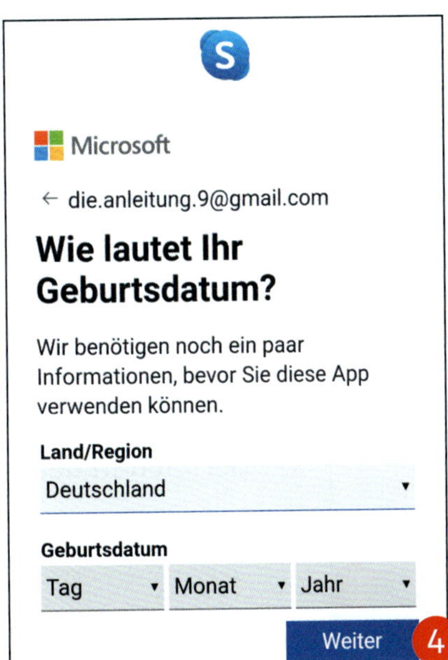

Verifizierung

Um sicherzustellen, dass sich kein Fremder mit Ihren Daten angemeldet hat, sendet Ihnen Skype einen Code (4-stellige Zahl) zu.

Je nach Art der Anmeldung erhalten Sie den Code per Kurznachricht (SMS) oder E-Mail. Kommt der Code als SMS, können Sie ihn normalerweise automatisch übernehmen (1).

Haben Sie sich für die Anmeldung per E-Mail entschieden, müssen Sie jetzt in die E-Mail-App wechseln und den Code von dort (2) per Hand übertragen.

Eventuell müssen Sie dazu die Tastatur ausblenden (3) bzw. das Fenster etwas nach oben schieben (4).

So sieht der ganze Inhalt des Fenster aus:

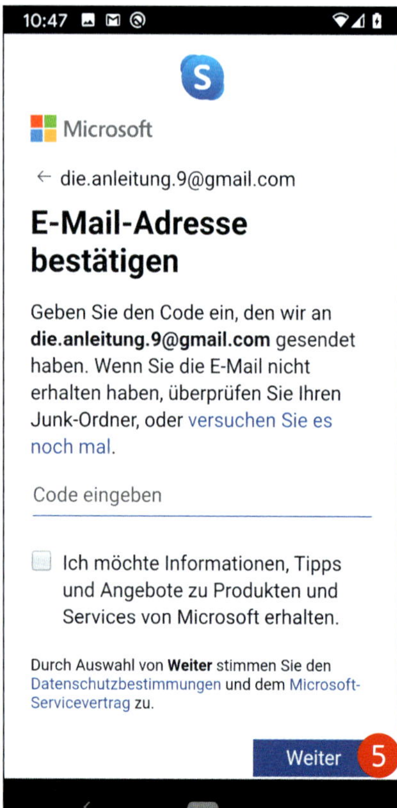

Ist das erledigt, schieben Sie das Fenster nach oben und tippen auf Weiter (5).
Der Pfeil in der Tastatur (6) funktioniert nicht immer!

Sicherheitsabfrage

Nochmals eine Abfrage, um sicherzustellen, dass Sie eine echte Person sind und kein Roboter. Geben Sie dazu die „komischen" Zeichen (1) in die Zeile darunter ein.

TIPP:
Sie müssen nicht auf Klein- oder Großschreibung achten.

Sind die Zeichen wirklich nicht zu erkennen, können Sie eine neue, andere Zeichenfolge laden (2).
Oder Sie lassen sich die Zeichen vorlesen (3).

Auch hier müssen Sie für die Eingabe eventuell die Tastatur (4) ausblenden bzw. das Fenster etwas nach oben schieben (5).

Ist das erledigt, schieben Sie das Fenster nach oben und tippen auf Weiter (6).
Der Pfeil in der Tastatur (7) funktioniert nicht immer!

Gleich geschafft :-)

So sieht der ganze Inhalt des Fenster aus:

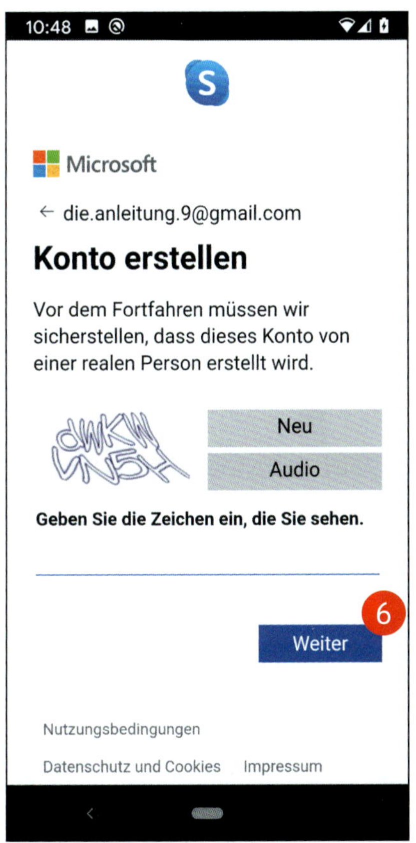

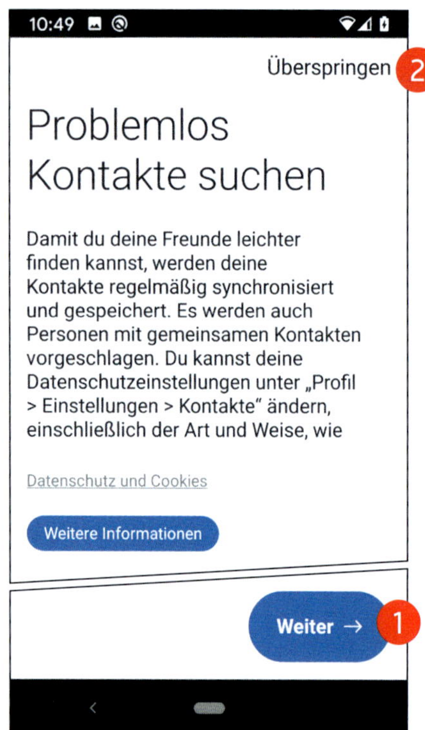

Freigaben

Nachdem Sie alle Daten eingegeben und damit das Konto angelegt haben, müssen Sie noch den Zugriff von Skype auf Ihre Daten regeln.

Kontakte

Hier geht es um den Schutz der Daten aus Ihrem Adressbuch. Tippen Sie direkt auf den blauen Kreis (1), wird Ihr komplettes Adressbuch regelmäßig zu Microsoft übertragen und dort „weiterverarbeitet".

Ganz nebenbei wird auch noch geprüft, welche Ihrer Kontakte bereits bei Skype angemeldet sind. Und damit steht einer Kontaktaufnahme nichts mehr im Weg.

Tippen Sie auf Überspringen (2), werden keine Daten aus Ihrem Adressbuch an Microsoft übertragen. Sie erhalten dann aber auch keine Vorschläge, welche Ihrer Kontakte ebenfalls Skype verwenden.

Diese Personen müssen Sie dann „per Hand" kontaktieren – und das ist relativ nervig.

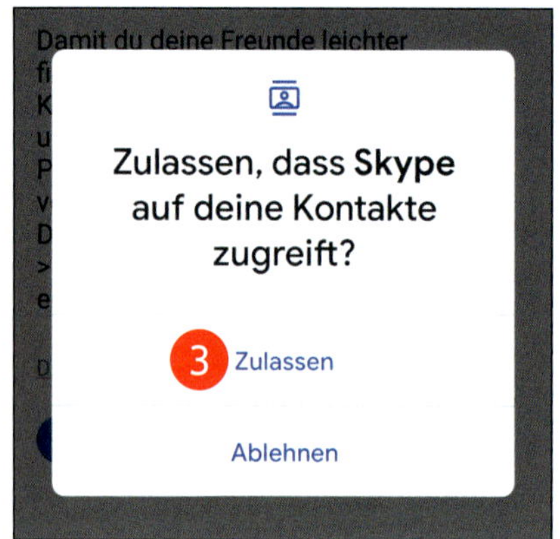

Ich überlasse es Ihnen, wie Sie sich hier entscheiden. Wichtig ist mir, dass Sie verstehen, was mit Ihren bzw. den persönlichen Daten Ihrer Kontakte passiert.

Meine Empfehlung:
Beim Start zulassen (3) und nach dem ersten Durchlauf ausschalten.

Danach tippen Sie auf Weiter (4).

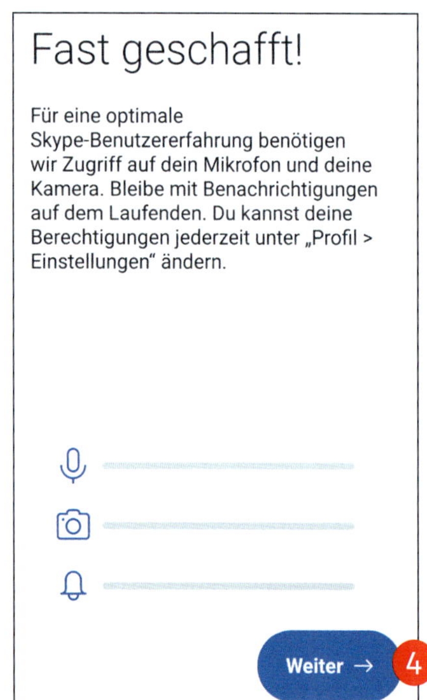

Audio (5) > zulassen

Bilder & Videos (6) > zulassen

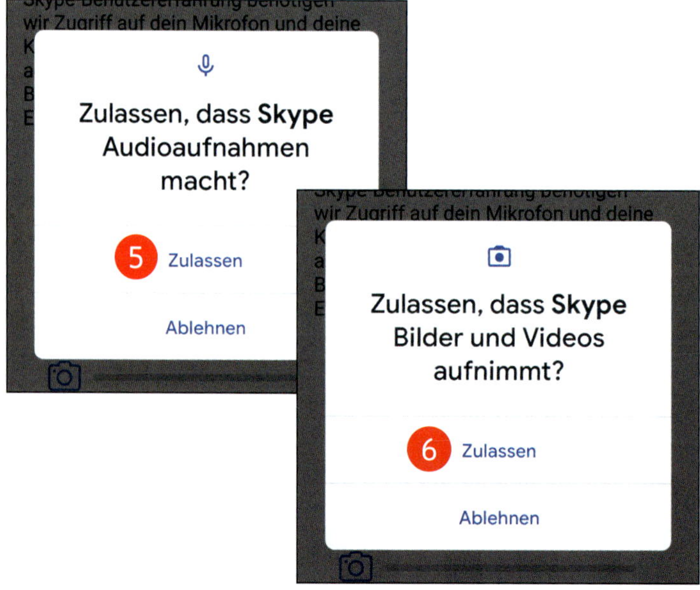

Los geht's

Das ist die Startseite von Skype mit diesen Elementen:

(1) Nachrichten von Skype
Ein roter Kreis mit einer Zahl zeigt ungelesene Nachrichten an.

(2) Ihr Profilbild
Tippen Sie darauf, um Einstellungen an Ihrem Konto vorzunehmen. Mehr dazu auf Seite 32.

(3) Besprechung starten (3a)
Auf diese Art und Weise können Sie sich auch mit Personen unterhalten, die KEIN Skype-Konto haben. ABER: Nur für Skype-Business!

(4) Die Suche nach Kontakten
Hier finden Sie die Suchzeile und eine Liste Ihrer Kontakte aus dem Adressbuch. Geben Sie einen Namen in die Suchzeile ein, wird Ihr Adressbuch und das weltweite Skype-Verzeichnis durchsucht.

Mehr dazu auf Seite 52.

(5) Menü
Damit sortieren Sie die Nachrichten in Ihrem Chat-Verlauf. Sie haben die Wahl zwischen:

- Zuletzt verwendet
- Ungelesen
- Aktiv
- Favoriten ausblenden
- Kompaktes Layout aktivieren

Chat-Übersicht nach Gebrauch.

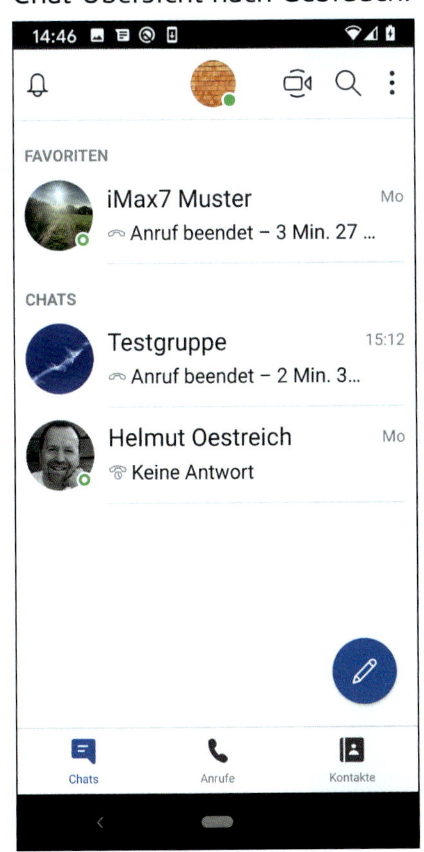

Am iPhone sind andere Symbole dafür zuständig:

Mehr dazu auf Seite 56.

(6) Das Chat-Fenster
Hier sehen Sie später die zuletzt geführten Gespräche.

(7) Neue Unterhaltung starten > nächste Seite

(8) Chat
Zeigt die Liste mit den letzten Unterhaltungen.

(9) Anrufe > Seite 25
Ja, mit Skype können Sie auch telefonieren.

(10) Kontakte > Seite 11 / 30
Damit öffnen Sie eine Liste mit Ihren Kontakten.

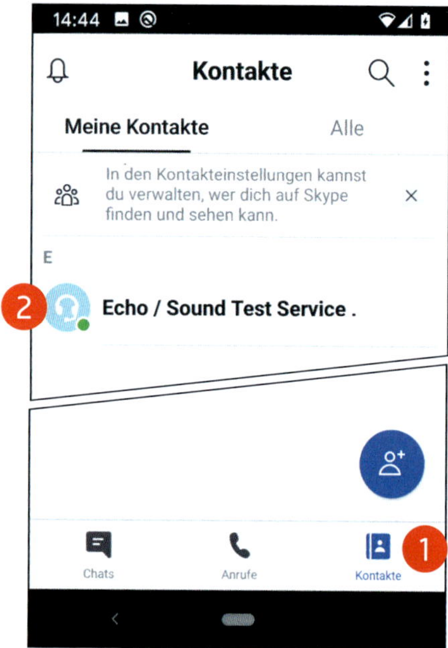

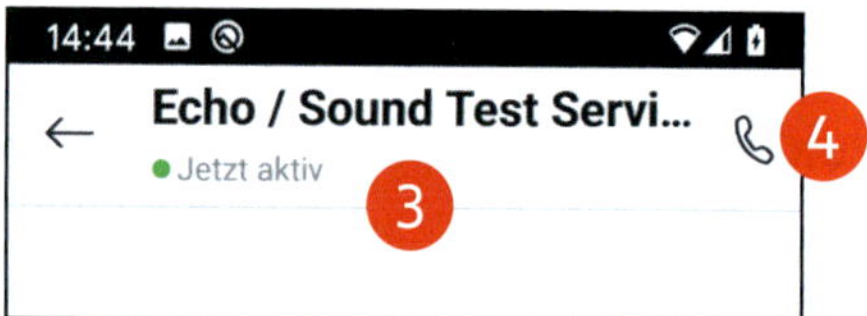

Ein erster Test

Bevor Sie loslegen, sollten Sie prüfen, ob auch alles einwandfrei läuft. Dafür bietet Skype einen automatisierten Test an. Um diesen zu starten, tippen Sie auf Kontakte (1) und wählen dort den Eintrag Echo / Sound Test Service (2).

Dann öffnet sich ein spezielles Chat-Fenster mit Echo / Sound Test Service als Kontakt (3). Eventuell wird dazu ein Hinweis angezeigt, den Sie mit einem Tipp auf den grauen Hintergrund schließen.

Die Text-Funktion ist für diesen Chat deaktiviert, lediglich ein Telefonanruf ist möglich (4). Und genau darum geht es ja: Festzustellen, ob der Ton funktioniert.

Tippen Sie also auf den Telefonhörer (4), um den Test zu starten. Die Verbindung wird aufgebaut, ein Stimme fordert Sie auf, einen beliebigen Text zu sprechen. Dieser Text wird aufgenommen und Ihnen dann wieder automatisch vorgespielt.
Hat alles funktioniert, beenden Sie das Gespräch mit einem Tipp auf den roten Telefonhörer (5).

HINWEIS:
Nach einer bestimmten Zeit werden die Bedienelemente ausgeblendet (6). Mit einem Tipp auf den Hintergrund holen Sie sie wieder zurück.

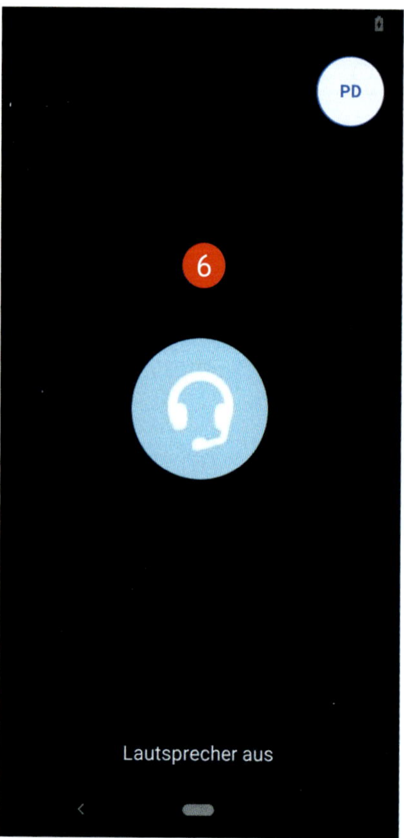

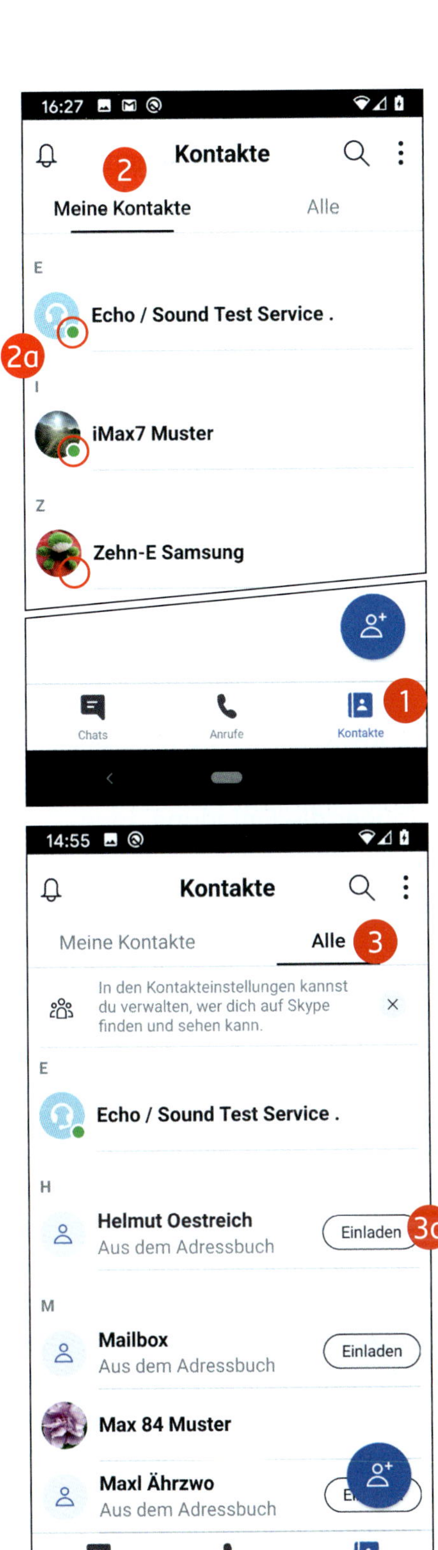

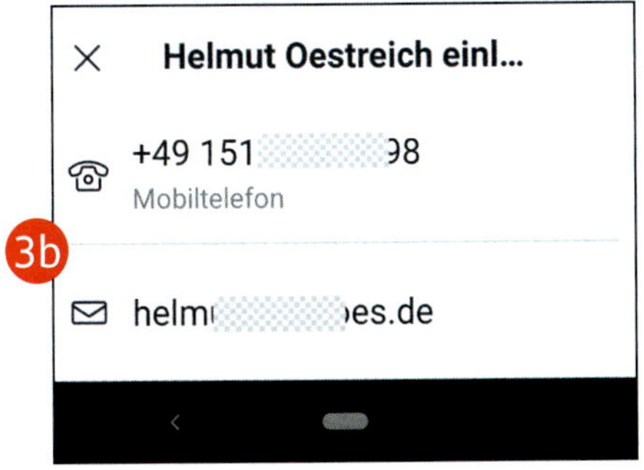

Kontakte (1)

Hier gibt es zwei Tabulatoren/Kategorien:

(2) Meine Kontakte
Hier werden alle Kontakte gelistet, zu denen Sie schon Kontakt hatten.
Und alle, die Skype beim Durchsuchen Ihres Adressbuches als Skype-Anwender identifiziert hat.

Neben dem Profilfoto wird der aktuelle Status des Kontaktes angezeigt (2a):

- Gerade aktiv
- Aktiv, aber Gerät ausgeschaltet
- Abwesend, Nachrichten werden aber zugestellt
- Beschäftigt, Nachrichten werden nicht zugestellt

Kein Symbol = Offline = Nicht verfügbar oder bis jetzt noch keine Verbindung aufgenommen.

(3) Alle
In dieser Liste wird einfach Ihr komplettes Adressbuch angezeigt. Zusätzlich haben Sie die Möglichkeit, Kontakte zu Skype einzuladen (3a). Zum Beispiel diesen „Helmut Oestreich":

Mit einem Tipp auf Einladen werden die Kontaktmöglichkeiten angezeigt (3b). Wählen Sie eine davon aus (hier ist es eine SMS an die Mobilfunknummer) wird ein vorbereitete Nachricht verschickt (4).

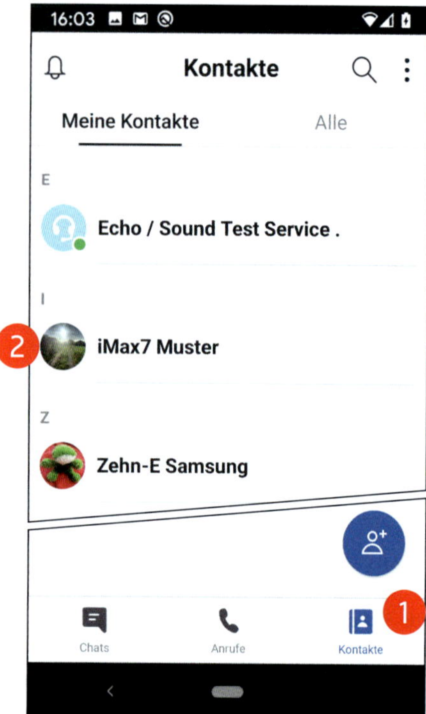

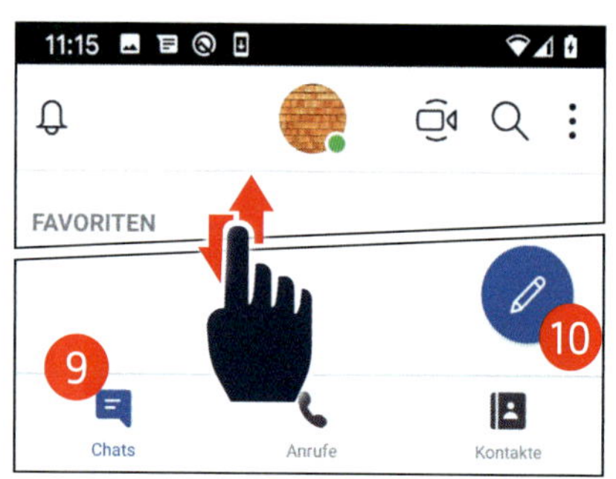

Die erste Nachricht

Für die erste Kontaktaufnahme hat Skype einen speziellen Ablauf. Gehen Sie dazu auf Meine Kontakte (1) und tippen Sie dort auf einen Kontakt. In unserem Beispiel ist es iMax7 Muster (2).

Im nächsten Fenster sehen Sie den Verlauf der Unterhaltung mit diesem Kontakt (3). Im oberen Bereich wird bereits das Profilbild des Kontaktes angezeigt (4).
Die erste Nachricht mit einem winkenden Smiley (5) ist bereits vorbereitet und wird mit einem Tipp aus Sage „Hallo" (6) sofort verschickt.

Das Ergebnis:
Die verschickte Nachricht wandert auf die rechte Seite im Verlauf (7). Dazu wird auch der Tag und die Uhrzeit angezeigt.
Darüber ist eine spezielle Anzeige (8), die nur bei der ersten Nachricht zu sehen ist. Sie verschwindet automatisch, wenn der Empfänger die Einladung angenommen hat.

Weiter geht's auf der nächsten Seite >>

Zukünftige Nachrichten

starten Sie dann normalerweise direkt aus der Chat-Übersicht (9). Einfach auf einen bestehenden Chat tippen oder über das Stifte-Symbol (10) einen ganz neuen Chat starten.

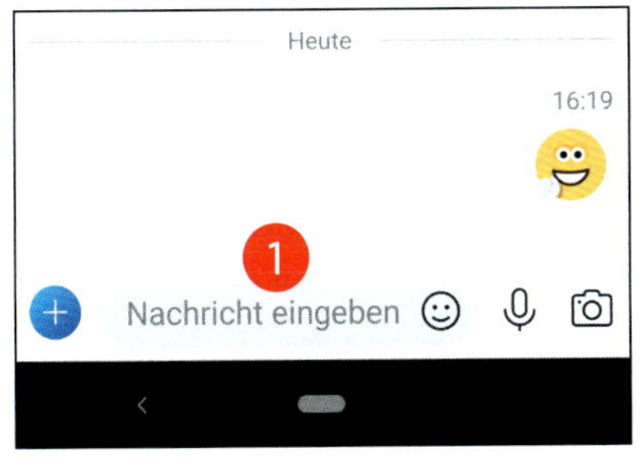

Meine Empfehlung:
Schicken Sie noch einen kurzen Text mit, das macht die erste Kontaktaufnahme deutlich freundlicher. Und der Empfänger erkennt schneller, wer ihn da kontaktiert.

Tippen Sie dazu in die Textzeile (1) und geben Sie über die Tastatur Ihre Nachricht ein (1a). Mit einem Tipp auf den blauen Pfeil (2) wird sie verschickt und wandert ebenfalls auf die rechte Seite im Verlauf (3):

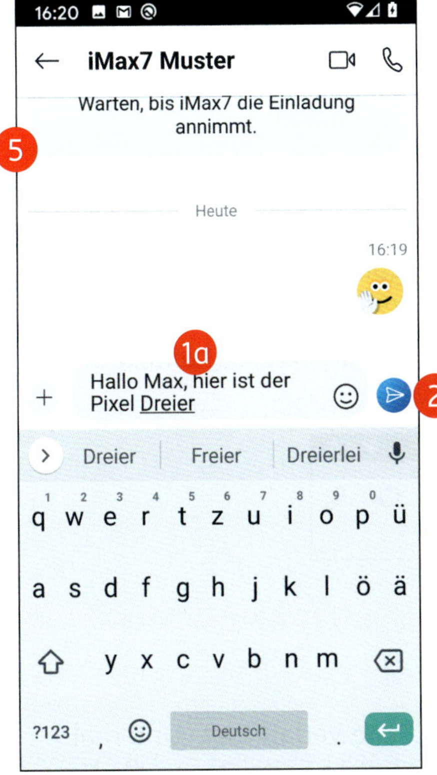

Beim Empfänger sieht diese erste Nachricht zur Kontaktaufnahme so aus (4). Tippt er hier auf Annehmen (4a), sind Sie ab sofort über Skype mit all seinen Möglichkeiten verbunden. Gleichzeitig verschwindet in Ihrem Verlauf die Warten-Anzeige (5) und unterhalb der „Sprechblase" mit Ihrer Nachricht wird das Profilfoto angezeigt (5a) – das ist gleichzeitig auch die Lesebestätigung. Der Empfänger hat die Nachricht gelesen.

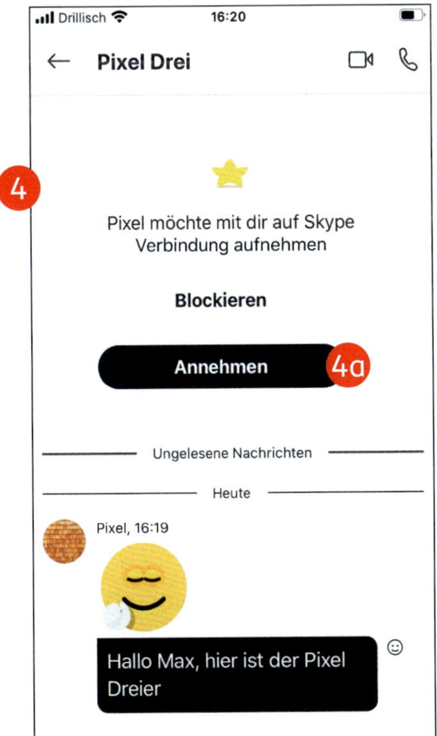

Und vielleicht erhalten Sie ja gleich eine Antwort (6):

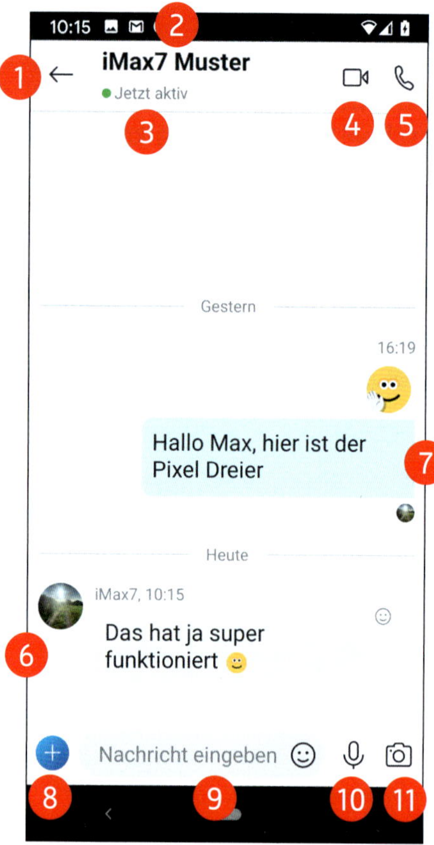

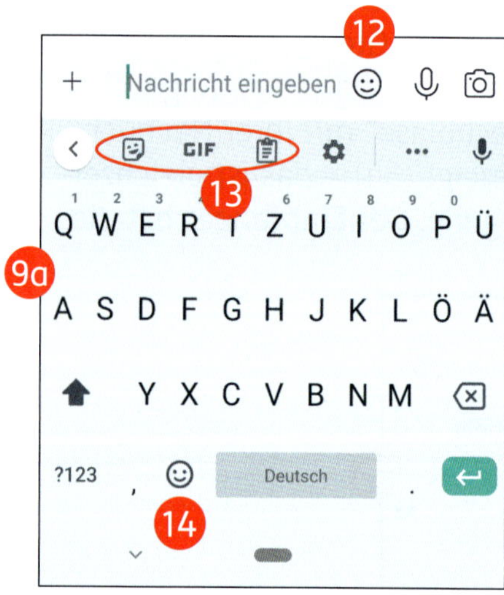

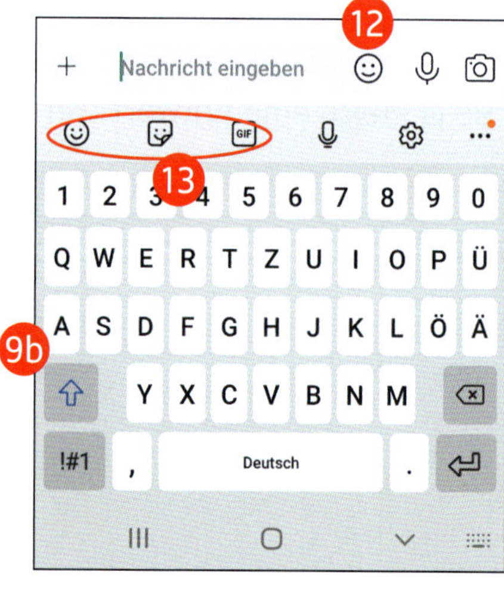

Der Verlauf im Überblick

Hier sehen Sie den Verlauf einer Unterhaltung, sortiert nach dem Datum. Die neueste Nachricht steht immer ganz unten.

Am oberen Rand sind diese Elemente:

(1) Zurück zur Chat-Übersicht

(2) Name des Gesprächspartners

(3) Status des Gesprächspartners

- Gerade aktiv
- Aktiv, aber Gerät ausgeschaltet
- Abwesend, Nachrichten werden aber zugestellt
- Beschäftigt, Nachrichten werden nicht zugestellt
- Offline = Nicht verfügbar oder bis jetzt noch keine Verbindung aufgenommen.

Hier wird auch angezeigt, wann dieser Kontakt das letzte Mal aktiv war (3a):

(4) Videonat starten

(5) Telefonat starten

Danach folgt der eigentliche Verlauf der „Unterhaltung", der Chat: Auf der linken Seite stehen die Nachrichten, die Sie erhalten haben (6), auf der rechten Seite, die von Ihnen verschickten (7).

Am unteren Rand finden Sie diese Elemente:

(8) Datei (z. B. Foto) hinzufügen > Seite 18

(9) Nachricht eingeben
Die Tastatur wird erst eingeblendet (9a), wenn Sie auf diese Zeile tippen.
Hier die Ansicht einer Samsung-Tastatur (9b).

(10) Sprachnachricht aufnehmen > Seite 17

(11) Neues Foto aufnehmen & verschicken > Seite 20

Smileys, animierte Grafiken und kleine Filmchen finden Sie hier:
(12) Eingabefeld

(13) Multimedia-Zeile
Geben Sie Text ein, sehen Sie hier die Textvorschläge.

(14) Tastatur

Verlauf bearbeiten (Textnachrichten)

Legen Sie den Finger etwas länger auf eine Nachricht, öffnet sich ein umfangreiches Menü:

(1) Gesendete Nachricht

(1a) Bearbeiten
Tippen Sie darauf, wird eine neue Nachricht mit diesem Inhalt erstellt, die Sie korrigieren und dann verschicken können.

(1b) Kopieren
Damit wird der Inhalt in die Zwischenablage kopiert und kann an einer anderen Stelle oder einer anderen App wieder eingesetzt werden.

(1c) Zitieren > nächste Seite
Eine praktische Funktion, wenn Sie eine ältere Nachricht im gleichen Chat kommentieren möchten.

(1d) Weiterleiten
Ähnlich der Zitieren-Funktion, aber das Zitat mit Ihrer Nachricht wird an eine andere Person weitergeleitet.

(1e) Lesezeichen hinzufügen
Markieren Sie damit eine Nachricht, wird sie in Ihrem eigenen Profil im Abschnitt Lesezeichen ein Verweis darauf gespeichert.
Löschen Sie diese Nachricht, wird auch das Lesezeichen gelöscht.

(1f) Nachrichten auswählen
Wenn aktiv, können Sie mehre Nachrichten auswählen und gleichzeitig bearbeiten:
- Kopieren > Nur Textnachrichten
- Weiterleiten > Textnachrichten & Dateien (Fotos)
- Entfernen > Nur eigene Nachrichten (Text & Bild)

(1g) Entfernen
Ja, auch das Entfernen bereits zugestellter Nachrichten ist möglich. Die Nachricht wird nach einer Sicherheitsabfrage auch beim Empfänger gelöscht!
Er erhält darüber keine Meldung.

1 Menü: Gesendete Nachrichten

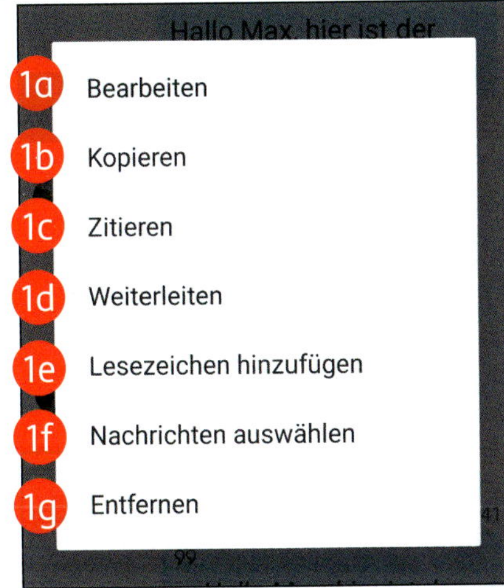

2 Menü: Empfangene Nachrichten

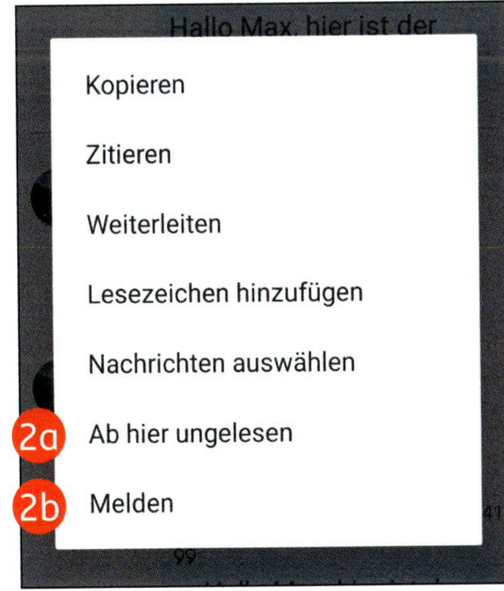

(2) Empfangene Nachricht
Hier gibt es eine leicht andere Auswahl:

(2a) Ab hier ungelesen
Damit werden alle Nachrichten, die später eingetroffen sind, als „noch nicht gelesen" markiert.

(2b) Melden
Eine sehr spezielle Funktion, mit der Sie Belästigungen melden können. Bitte nur mit Bedacht wählen!

Verlauf bearbeiten (Fotos)

> Seite 22+

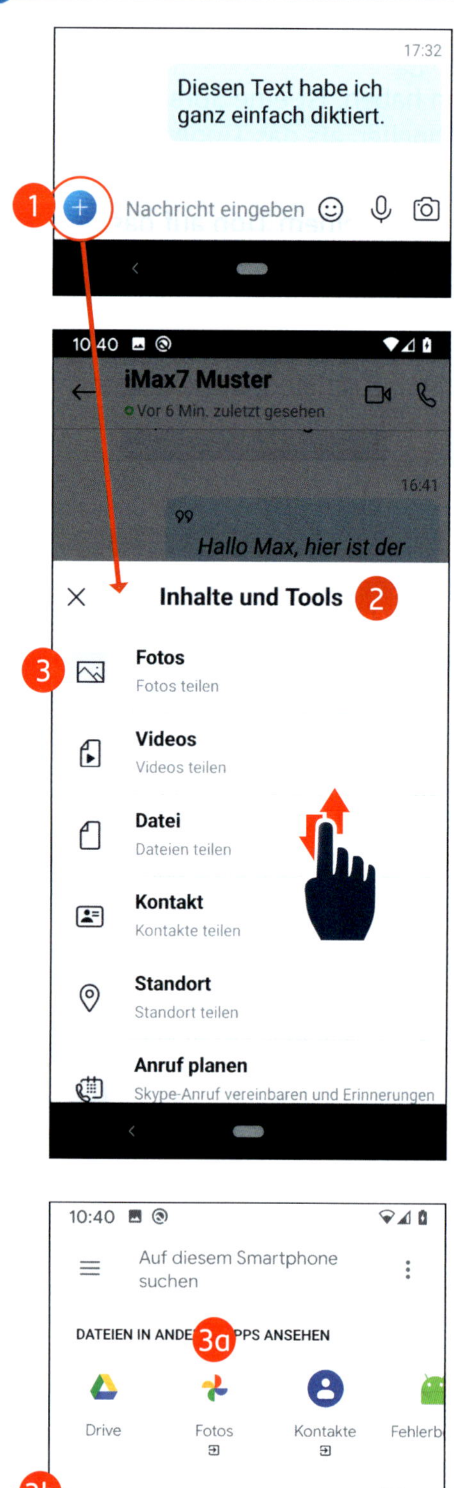

Anhang (Foto) mit Datei-Auswahl

Ein Gruß aus dem Urlaub, ein Schnappschuss der Kinder oder einfach nur so – jeder freut sich über ein Foto. Und der Versand geht ganz einfach:

Tippen Sie links neben der Eingabezeile auf das Plus-Symbol (1), um die Auswahl zu öffnen. Hier sehen Sie alle Medien, die Sie verschicken können (2).

Für unser Beispiel bleiben wir aber bei Fotos (3) und tippen auf diesen Eintrag. Im nächsten Fenster wählen Sie entweder die Fotos-App (3a) oder direkt ein Foto aus den neuen Bildern (3b).

Haben Sie Fotos gewählt, sehen Sie eine erste Übersicht all Ihrer Fotos, Order und Alben (3c). Hier tippen Sie am besten den Ordner Fotos (3d), dort finden Sie alle Fotos auf Ihrem Gerät – sortiert nach dem Datum. Die neuesten Fotos stehen immer ganz oben.

Weiter geht's auf der nächsten Seite >>

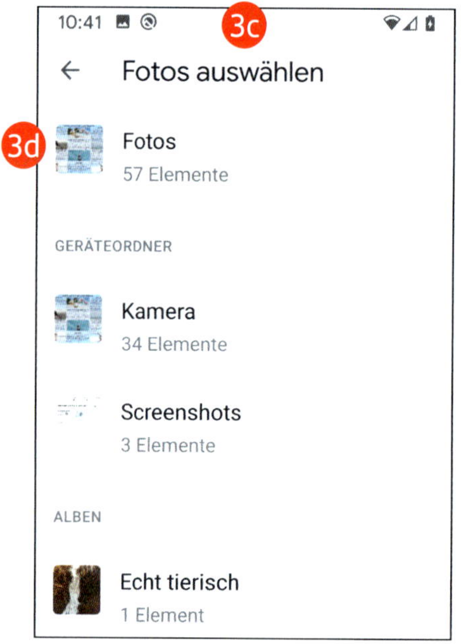

HINWEIS:
Text und Foto in einer gemeinsamen Nachricht gehen bei Skype nicht. Dafür werden immer zwei getrennte Nachrichten benötigt.

In der Übersicht (1) wählen Sie ein oder mehrere Foto(s) mit einem Tipp aus (2) – und auch wieder ab.

Mit einem Tipp auf das Ordner-Symbol (3) kommen Sie noch eine Ebene höher und können auch andere Dateien auswählen.

Rechts unten wird ein Kreis mit Pfeil angezeigt (4), der auch die Anzahl der auswählten Fotos anzeigt.

Tippen auf darauf, wird die Auswahl abgeschlossen und die Fotos zur Bearbeitung geladen (5).

Am oberen Rand wird die Menüleiste (6) eingeblendet:

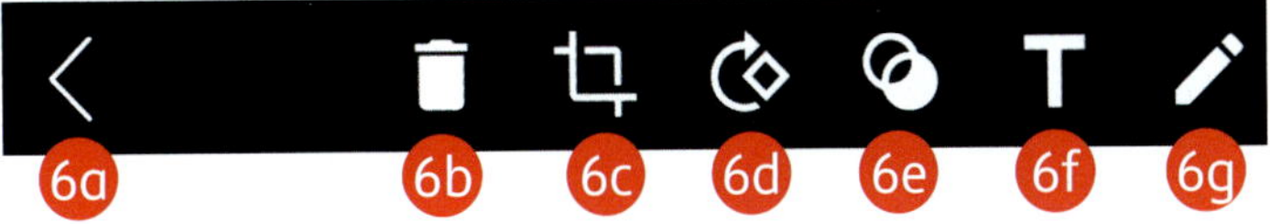

(6a) Bearbeitung/Auswahl beenden > zurück zum Chat

(6b) Bild löschen

(6c) Bild zuschneiden

(6d) Bild in 90-Grad-Schritten drehen

(6e) Bildtyp definieren

(6f) Text hinzufügen

(6g) Ins Bild malen

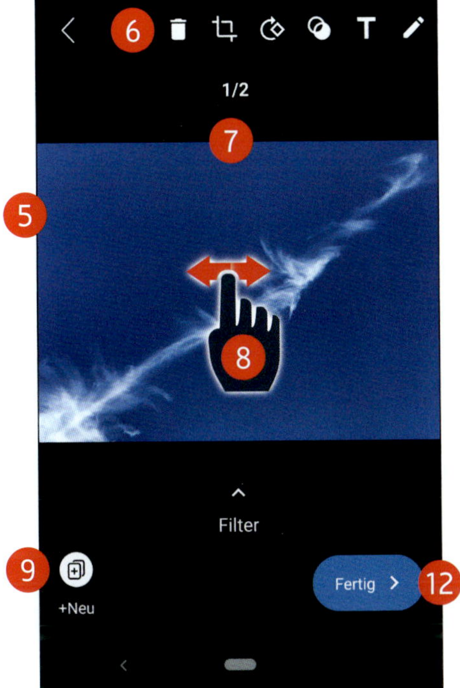

Darunter sehen Sie die Anzahl der gerade geladenen Fotos (7). Schieben Sie den Bildschirm nach L/R (8), um zwischen den einzelnen Fotos zu wechseln.

Über das +-Symbol (9) können Sie noch zusätzliche Fotos laden.

Schieben Sie den Bildschirm nach oben (10), um vordefinierte Filter einzublenden (11). Schieben Sie den Bildschirm wieder nach unten, werden die Filter wieder ausgeblendet und Sie können die Bilder mit einem Tipp auf Fertig (12) versenden.

Fotos

Neues Foto versenden

Neben dem Versand von bereits existierenden Fotos wird ein aktuell gemachtes Foto wohl die häufigste Datei in einer Nachricht sein.

So geht's:
Tippen Sie rechts neben der Zeile für die Texteingabe auf das Kamera-Symbol (1). Jetzt öffnet sich die Kamera mit diesen Bedienelementen:

(2) Aufnahme abbrechen > Zurück zum Chat

(3) Blitz umschalten
EIN – AUS – Automatisch – Blitz/Taschenlampe EIN

(4) Zur Fotos-App mit der Galerie-Ansicht.

(4a) Bildervorschau mit Direktauswahl
Zum Schließen nach unten schieben.

(5) Aufnahmeknopf

(6) Zwischen Selfie- und Hauptkamera wechseln.

(7) Art der Aufnahme auswählen
Dokument und Whiteboard haben eine spezielle Funktion: Wird der Inhalt richtig erkannt, erhält er einen blauen Rahmen (7a). Nach der Aufnahme versucht die Software, den Inhalt gerade zu ziehen – funktioniert mal besser, mal schlechter (7b) ...

Nach der Aufnahme erhält das neue Foto die gleichen Möglichkeiten zur Bearbeitung wie bei der direkten Auswahl (> Seite 19).

WICHTIG:
Direkt in der App aufgenommene Fotos werden nicht automatisch in der Fotos-App gespeichert!

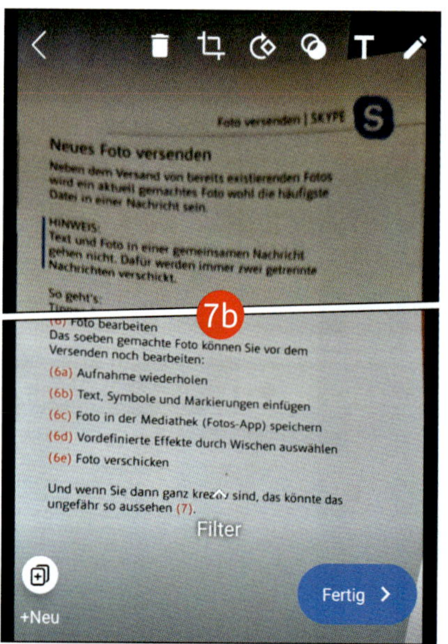

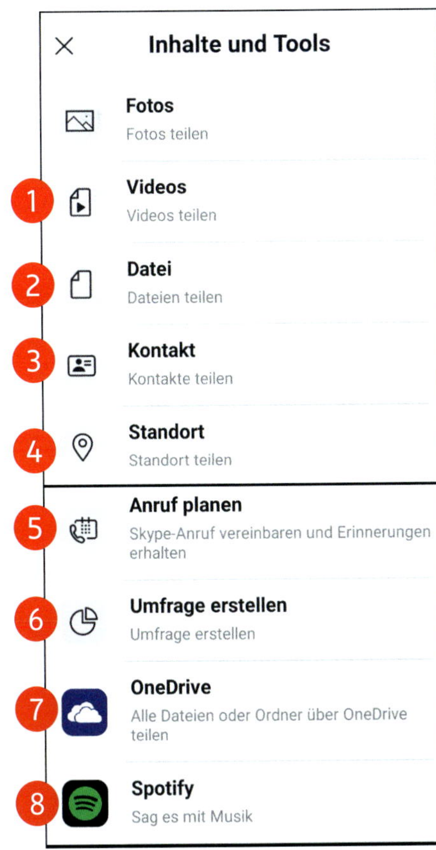

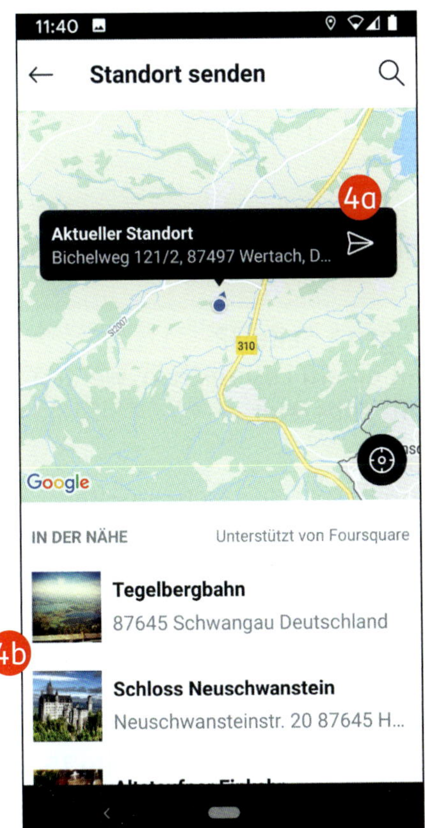

Datei versenden

Neben einem Foto können Sie noch viele andere Dateien und Daten verschicken:

(1) Videos
Die gleiche Auswahl wie bei Fotos.

(2) Datei
Hier erhalten Sie eine erweiterte Auswahl:
- Bilder
- Audio
- Videos
- Dokumente

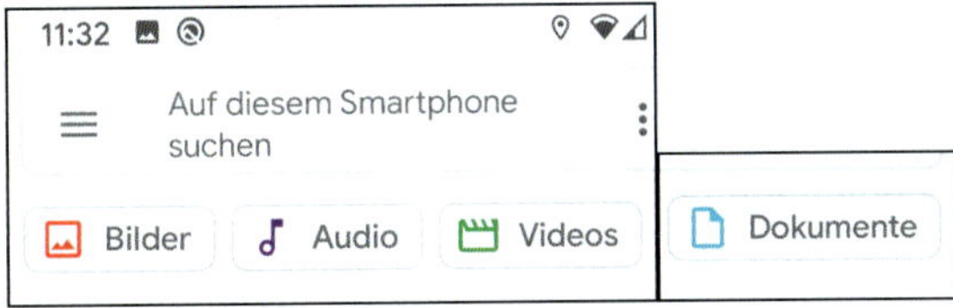

(3) Kontakt
Damit öffnet sich Ihr Adressbuch, Sie können die kompletten Daten (Visitenkarte) eines Kontaktes verschicken.

(4) Standort
Versenden Sie entweder Ihren eigenen Standort (4a) oder ein Ziel in der Nähe (4b).

(5) Anruf planen
Vergeben Sie für einen Anruf einen bestimmten Zeitpunkt, erhalten alle Teilnehmer eine Einladung dazu.

(6) Umfrage erstellen >> Seite 50

(7) OneDrive
Verschicken Sie größere Dateien von Ihrem OneDrive Cloud-Speicher.

(8) Spotify
Zeigen Sie anderen, was Sie bei Spotify hören.

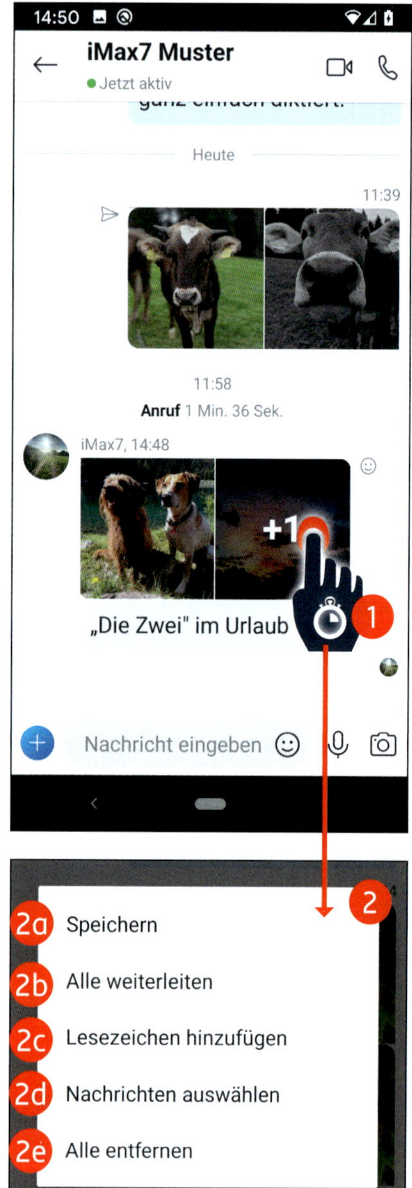

Fotos & Dateien im Verlauf

Medien im Verlauf einer Unterhaltung werden nicht automatisch gesichert. Löschen Sie den Verlauf, werden auch alle darin enthaltenen Fotos und Dateien gelöscht. Deswegen sollten Sie die wichtigsten und besten außerhalb von Skype speichern.

So geht's:
Legen Sie Ihren Finger etwas länger auf ein Element (1), um das Menü (2) zu öffnen. Bei Dateien und Fotos erhalten Sie diese Auswahl:

(2a) Speichern in einem automatisch angelegten Skype-Album der Fotos-App:

(2b) Alle weiterleiten
Kopieren Sie die Fotos dieser Nachricht in eine andere Skype-Nachricht.

(2c) Lesezeichen hinzufügen > Seite 32
Markieren Sie Inhalte mit einem Lesezeichen, werden diese auch in Ihrem Profil angezeigt.

(2d) Nachrichten auswählen
Tippen Sie hier, um mehrere Beiträge zu bearbeiten. Löschen geht nur bei eigenen Nachrichten.

(2e) Alle entfernen
Damit löschen Sie nach einer Sicherheitsabfrage die Fotos/Dateien in dieser Nachricht.

Das Menü einer Textnachricht finden Sie auf Seite 15.

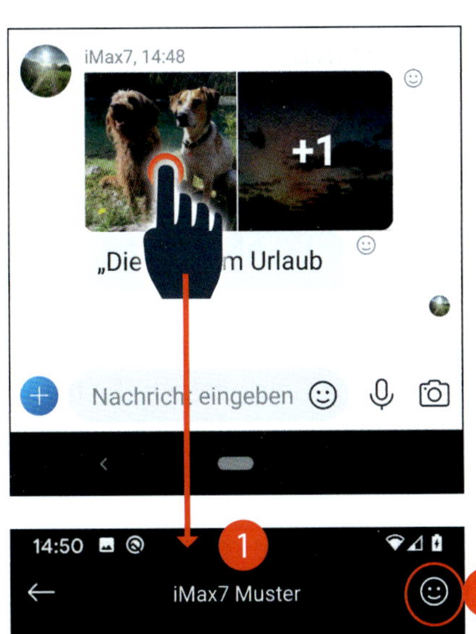

Tippen Sie auf ein Foto, sehen Sie alle Medien (1) aus diesem Verlauf. Schieben Sie ein Foto nach L/R (2), um in den anderen Fotos zu blättern.

Alternativ verschieben Sie die Vorschau-Leiste (3) am unteren Rand und wählen direkt ein Foto aus.

Rechts oben haben Sie die Möglichkeit einen Kommentar per Symbol (4) zu machen:

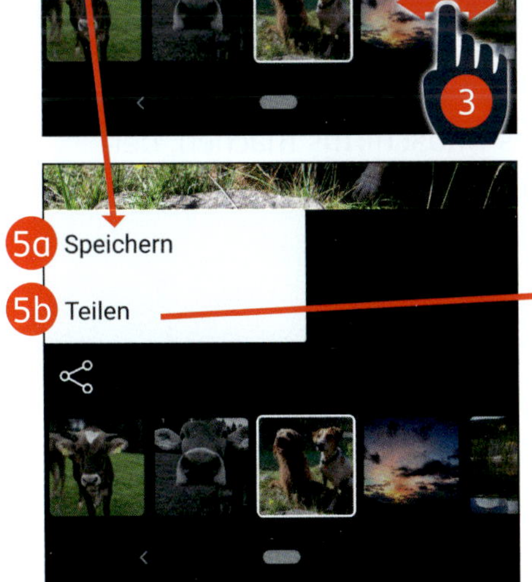

Tippen Sie auf das Teilen-Symbol (5), öffnet sich eine kleine Auswahl:

(5a) Speichern

(5b) Teilen
Überträgt den Inhalt in eine andere App (5c).

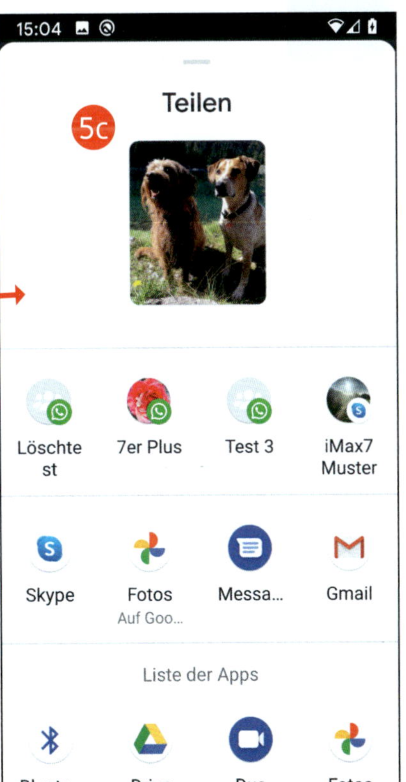

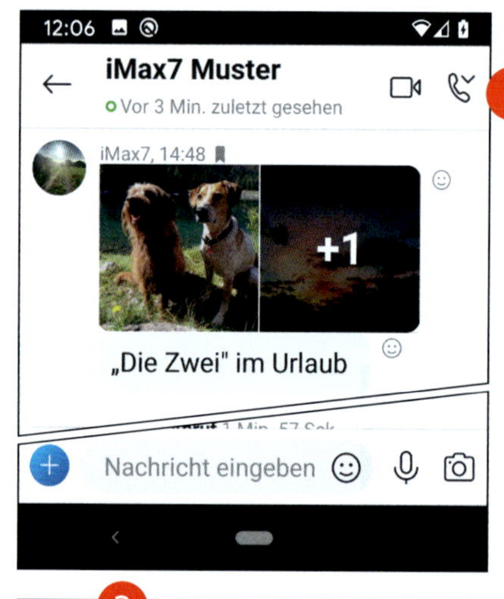

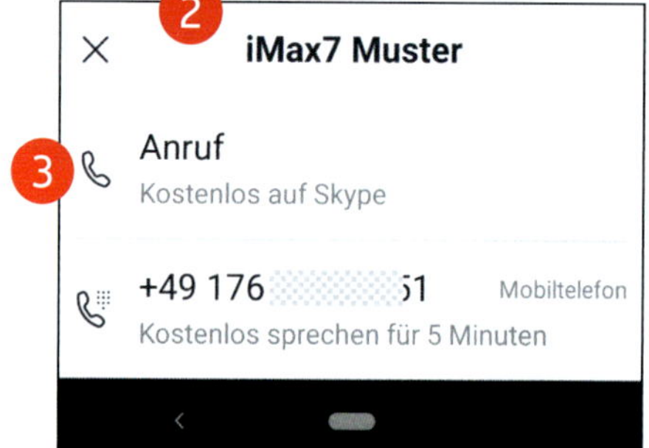

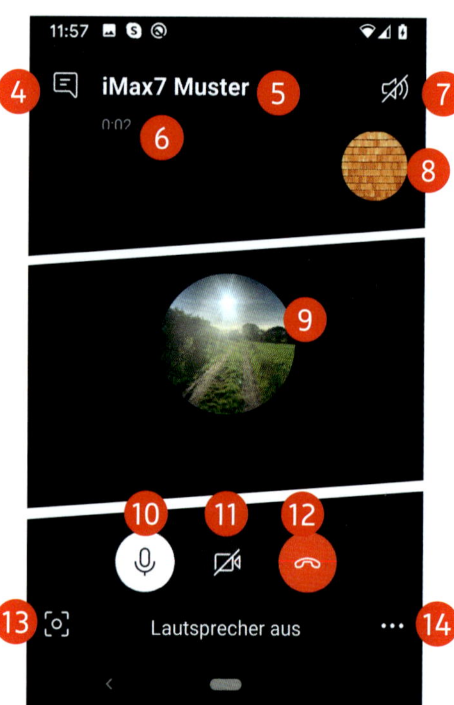

Telefonieren

Mit Skype können Sie auf zwei Arten telefonieren:

1. Skype intern und weltweit kostenlos
Das ist nur mit Skype-Kontakten möglich. Dabei wird lediglich Ihr Datenvolumen bzw. WLAN belastet.

2. Nach „draußen" gegen Gebühr
Funktioniert mit jedem beliebigen Teilnehmer und auch ins Festnetz. Hier wird Ihre Geldbörse belastet!

So geht's:
Öffnen Sie einen Chat und tippen Sie rechts oben auf das Hörer-Symbol (1). Ist eine Telefonnummer hinterlegt, fragt Skype, auf welche Art Sie die Verbindung herstellen möchten (2).

Tippen Sie hier auf Anruf (3), um kostenlos zu telefonieren. Ist die Verbindung hergestellt, sehen Sie diesen Bildschirm:

(4) Zurück zum Chat (Texteingabe)
Das Telefonat wird dabei nicht unterbrochen!

(5) Name des Teilnehmers

(6) Gesprächsdauer

(7) Lautsprecher EIN/AUS (= durchgestrichen)

(8) Ihr eigenes Profilfoto

(9) Profilfoto des Gesprächspartners

(10) Mikrofon EIN/AUS (Aus = durchgestrichen)

(11) Kamera EIN/AUS (Aus = durchgestrichen)
Zu einem Videonat wechseln.

(12) Gespräch beenden / auflegen

(13) Schnappschuss des Bildschirms machen, der sofort an den Gesprächspartner gesendet wird.

(14) Menü > Seite 47

HINWEIS:
Die Bedienelemente verschwinden nach kurzer Zeit, sind aber mit einem Tipp auf den Bildschirm sofort wieder sichtbar und aktiv.

Ist der Teilnehmer nicht zu erreichen oder hebt er einfach nicht ab, können Sie direkt eine vordefinierte Textnachricht an ihn schicken (15).

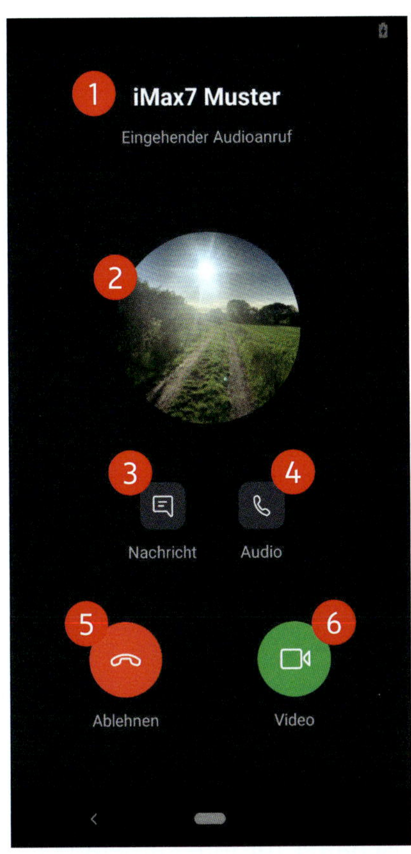

Anruf entgegennehmen

1. In der Skype-App und am Sperrbildschirm.
Hier wird der eingehende Anruf als Vollbild mit diesen Elementen angezeigt:

(1) Name des Anrufers

(2) Profilfoto des Anrufers

(3) Nachricht
Den Anruf ablehnen und eine vordefinierte Skype-Nachricht an den Anrufer senden (3a):

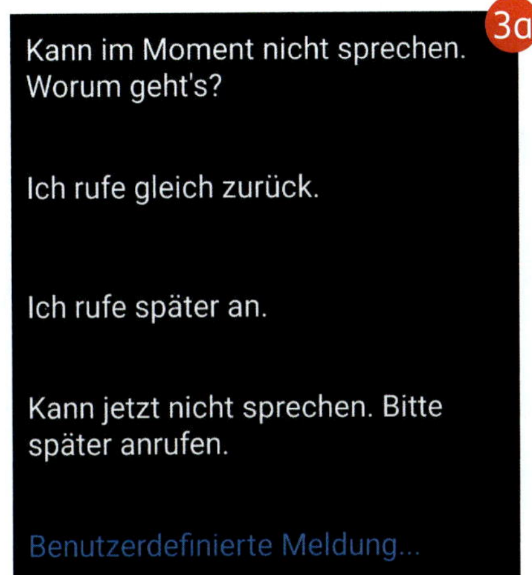

(4) Audio
Anruf als normales Telefongespräch annehmen.

(5) Ablehnen – der Anrufer erhält keine Nachricht.

(6) Video – aktiviert eine Video-Verbindung

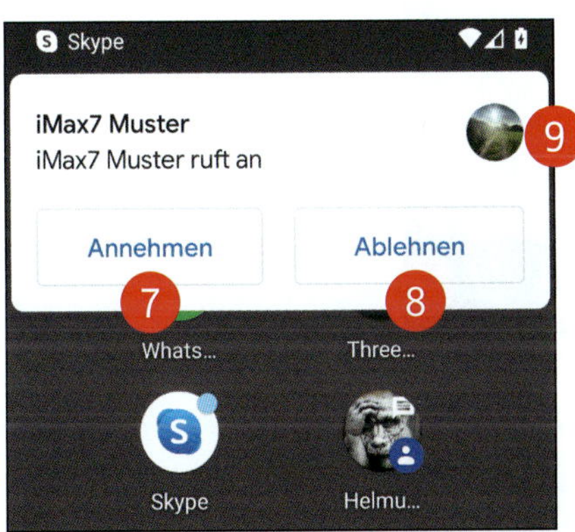

2. In einer anderen App & am Startbildschirm

Hier gibt es auf den ersten Blick deutlich weniger Möglichkeiten. Es bleibt Ihnen nur, den Anruf anzunehmen (7) oder abzulehnen (8).

Aber:
Tippen Sie auf das Profilfoto (9), erhalten Sie ebenfalls die „große Anzeige".

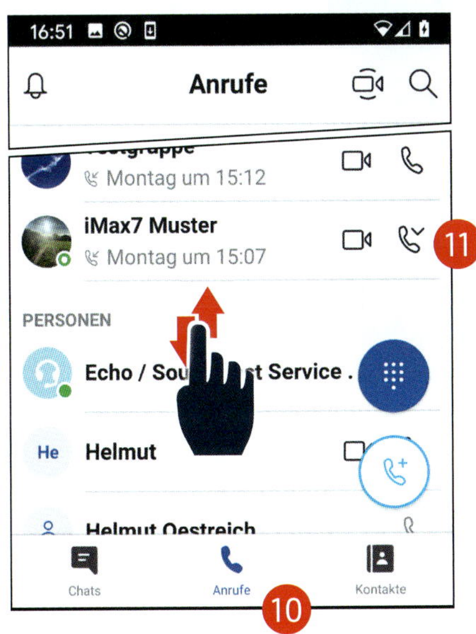

Anrufe-Register (10)

Hier finden Sie eine Liste der zuletzt getätigten Anrufe und können mit einem Tipp auf einen Eintrag gleich eine Verbindung aufbauen – Telefon und Video.

HINWEIS:
Wird am Telefonhörer ein kleiner Haken angezeigt (11), dann ist bei diesem Kontakt bereits eine Telefonnummer hinterlegt.

Video-Telefonat / Video-Chat / Videonat

Genau mit dieser Funktion ist Skype in den ersten Jahren (ab 2005) berühmt geworden. Alternativen gab es nur wenige. Und die waren teuer und/oder technisch sehr aufwendig. Mittlerweile ist diese Funktion aber bei nahezu jedem Messenger dabei und kein Alleinstellungsmerkmal mehr.

Zum Starten eines Videonates tippen Sie im Chat auf das Kamera-Symbol (1) in der rechten oberen Ecke. Die Bedienung erfolgt genau wie bei einem normalen Telefonat. Lediglich Kamera und der Lautsprecher werden automatisch aktiviert – das war's schon.

Nicht zu vergessen:
Der Umschalter zwischen Vorder- und Rückkamera (2).

Während des Verbindungsaufbaus sehen Sie Ihre eigene Kamera im Vollbild (3) – letzte Chance, sich in rechte Licht zu rücken.
Ist die Verbindung hergestellt, wird das Bild Ihres Gesprächspartners groß angezeigt (4). Ihr eigenes Bild wandert nach rechts oben in die Ecke (5).

Und damit auch der Umschalter für Ihre Kamera (2).

(6) Herz senden.

(7) Mikrofon EIN/AUS

(8) Kamera EIN/AUS

(9) Gespräch beenden

(10) Menü öffnen > Seite 47

Zur Erinnerung:
Die Bedienelemente verschwinden nach kurzer Zeit und werden mit einem Tipp auf den Bildschirm wieder eingeblendet.

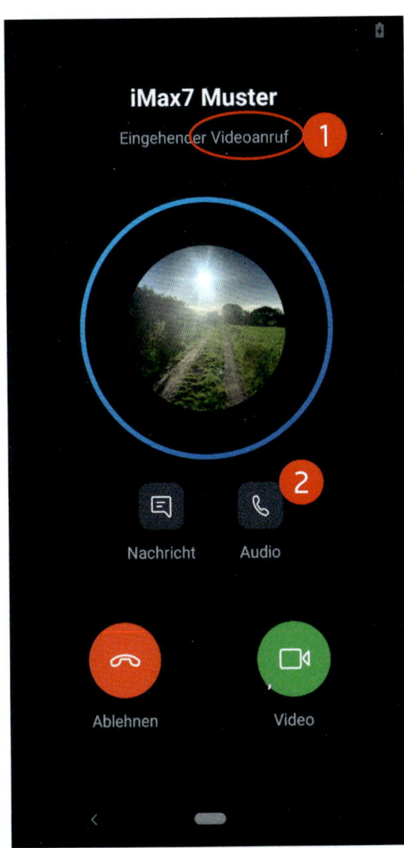

Video-Anruf entgegennehmen

Hier gibt es die gleichen Bedienelemente wie bei einem normalen Telefonat. Den Unterschied erkennen Sie lediglich am Text „Videoanruf" unterhalb des Namens (1).

TIPPs:

- Manchmal passt es gerade nicht, um Sie sich per Kamera zu präsentieren. Dann tippen Sie auf Audio (2) und die Verbindung startet ohne Ihr Kamerabild.
- Sie können Ihre Kamera jederzeit ein- und ausschalten – auch während eines normalen Telefonats.

Dual-Anzeige

Dabei werden alle Teilnehmer in einzelnen Kacheln angezeigt. So funktioniert's:

Legen Sie Ihren Finger auf das kleine Vorschaubild (3), warten Sie einen Moment und ziehen Sie es dann in die Mitte des Bildschirms (4).
Der färbt sich blau (5) und ein OK-Symbol (6) wird angezeigt. Nehmen Sie jetzt Ihren Finger vom Bildschirm, teilen sich beide Kameras den Bildschirm (7).
Um diesen Modus wieder zu beenden, gehen Sie ähnlich vor:
Finger auf Ihr Kamerabild legen, einen Moment warten und dann nach oben schieben. Ist das Plus-Symbol zu sehen (8), nehmen Sie den Finger vom Bildschirm.

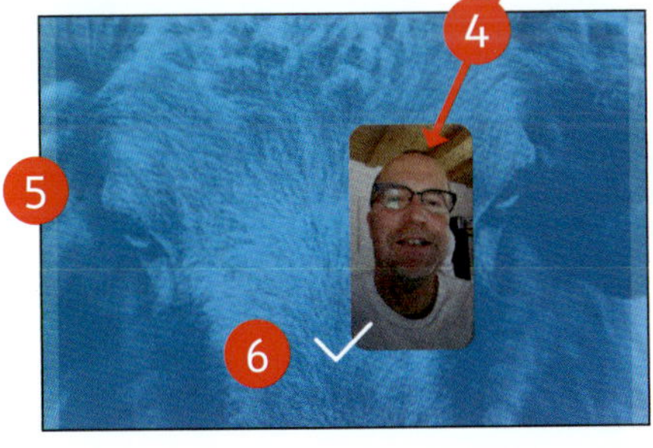

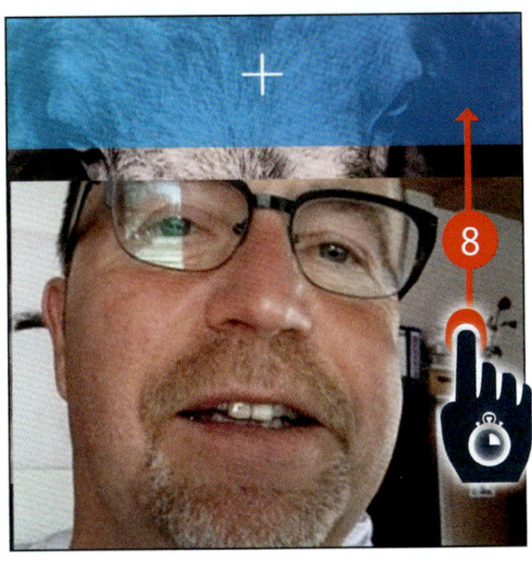

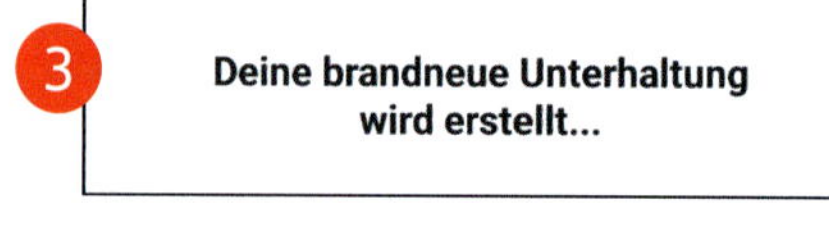

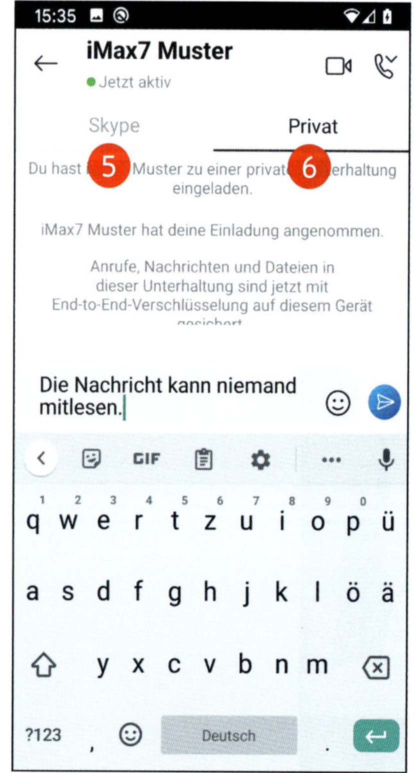

Private Unterhaltung

Mit Skype können Sie auch verschlüsselte Nachrichten austauschen und Telefonate führen.
Diesen speziellen Modus müssen Sie aber für jeden Kontakt einzeln aktivieren. Und der Empfänger muss dieser Art der Kommunikation zustimmen.

Gut zu wissen:

- In privaten Unterhaltungen können Nachrichten nicht bearbeitet oder gelöscht werden.
- Sie können keine Dateien weiterleiten.
- Fotos im Verlauf können nicht gespeichert werden.
- Es gibt keine Vorschau auf den Inhalt in den Benachrichtigungen.
- Eine Video-Übertragung ist nicht möglich.
- Keine Sprachnachrichten.

So geht's:

Tippen Sie in einer Chat-Übersicht auf den Namen des Gesprächspartners (1) und dann im neuen Fenster auf Private Unterhaltung beginnen (2).

Eine neue Unterhaltung wird erstellt (3) und Ihr Gesprächspartner erhält eine Einladung dazu (4). Bestätigt er diese, kann die private Unterhaltung beginnen.

Am oberen Rand teilt sich die Ansicht in Skype (5) und Privat (6). Sie können also jederzeit den Modus wechseln.

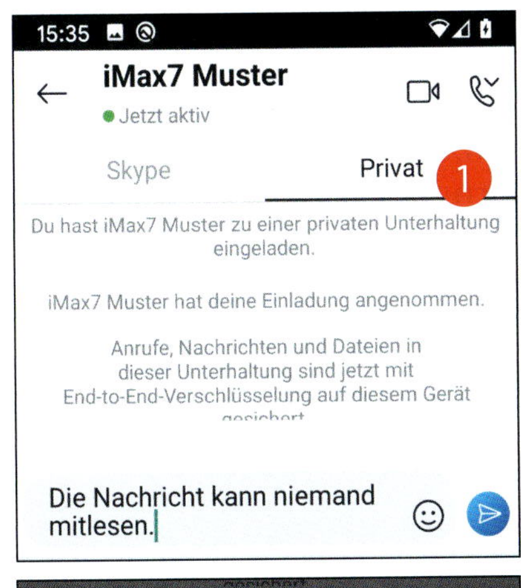

Private Unterhaltung beenden

Legen Sie Ihren Finger etwas länger auf Privat (1), bis sich diese Auswahl öffnet:

(2) Sicherheitscode
Damit können Sie sicherstellen, dass Sie auch mit dem richtigen Gesprächspartner verbunden sind. Die Gesprächspartner rufen den Code auf und vergleichen ihn.

(3) Private Unterhaltung beenden
Nach einer Sicherheitsabfrage werden die Unterhaltung und auch die bestätigte Teilnahme gelöscht.

Die Wiederaufnahme einer privaten Unterhaltung ist nur mit einer neuen Einladung möglich.

(4) Private Unterhaltung löschen
Damit wird die Unterhaltung gelöscht, aber nicht die Bestätigung des Gesprächspartner zu einer privaten Unterhaltung.

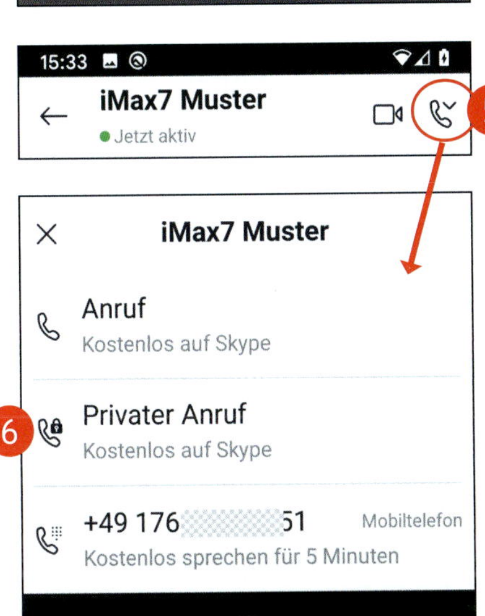

Privates Telefonat

Auch ein verschlüsseltes Telefonat ist möglich. Aber nur, wenn Sie vorher schon eine private Unterhaltung hatten. Erst dann wird die Auswahl angezeigt.

Tippen Sie dazu auf den Hörer in der rechten oberen Ecke (5) und wählen Sie dort Privater Anruf (6).

Bei einem privaten Anruf sind die Funktionen stark eingeschränkt. Die Extras des normalen Anrufs sind nicht verfügbar (7).
Letztendlich können Sie nur noch telefonieren – das aber über eine sichere Verbindung.

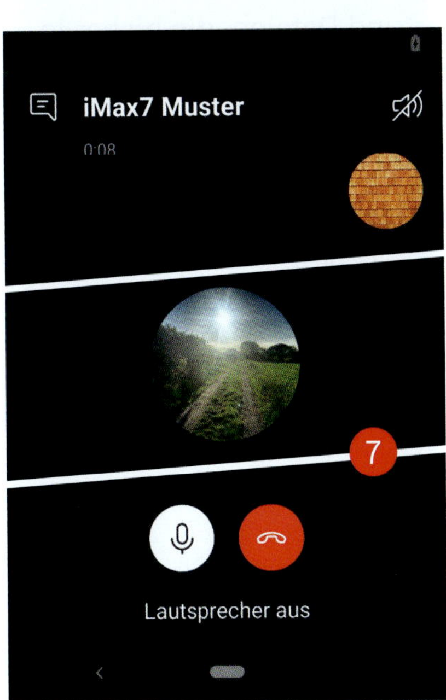

WICHTIG:
Solange eine private Verbindung besteht, ist kein Videonat möglich. Sie müssen dafür erst die private Unterhaltung löschen (4)!

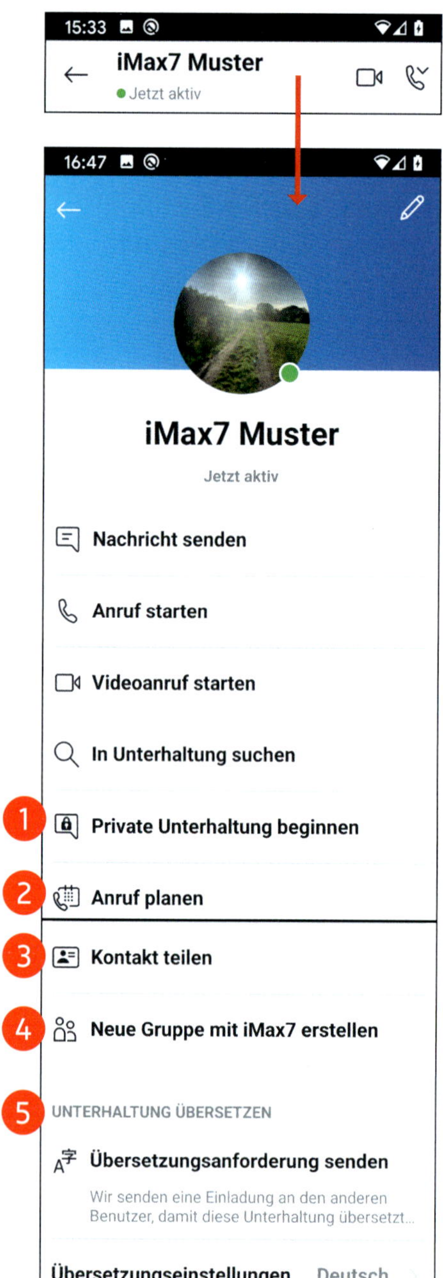

Kontakte – Profil

Das Profil für Ihre Kontakte können Sie ganz nach Ihren Wünschen anpassen, denn es ist unabhängig vom normalen Adressbuch (Kontakte-App).

Tippen Sie dazu in einem Chat am oberen Rand auf den Namen des Teilnehmers, um das Menü zu öffnen. Nach den Standard-Funktionen finden Sie diese Einträge:

(1) Private Unterhaltung beginnen > Seite 28

(2) Anruf planen
Hier können Sie einen Anruf mit diesem Kontakt zu einem festgelegten Zeitpunkt planen. Beide Teilnehmer erhalten dazu auch eine Erinnerung und der geplante Anruf wird in der Anrufliste angezeigt.

(3) Kontakt teilen
Suchen Sie einen Kontakt aus, den Sie an diesen Teilnehmer verschicken wollen.

(4) Neue Gruppe mit xy erstellen > Seite 42

(5) Unterhaltung übersetzen > Seite 38

(6) Skype-Name
Dieser Name – eine längere Kombination aus Zahlen und Buchstaben – wird automatisch vergeben und kann nicht geändert werden.

(7) Mobiltelefon
Hier sehen Sie die Mobilfunknummer dieses Kontaktes und können sie auch bearbeiten.

(8) Zu Favoriten hinzufügen
Favoriten werden in der Chat-Liste und den Kontakten immer ganz oben angezeigt.

(9) Chatkatalog
Hier finden Sie alle Fotos und Dateien, die bisher in diesem Chat verwendet wurden.

Ansicht bei einer aktiven privaten Verbindung.

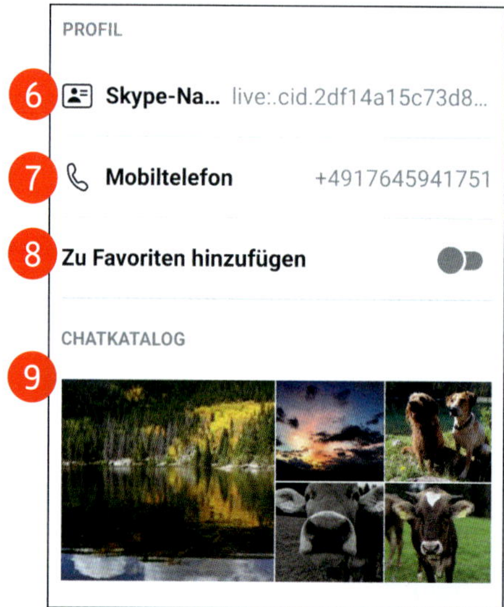

Weiter geht's auf der nächsten Seite >>

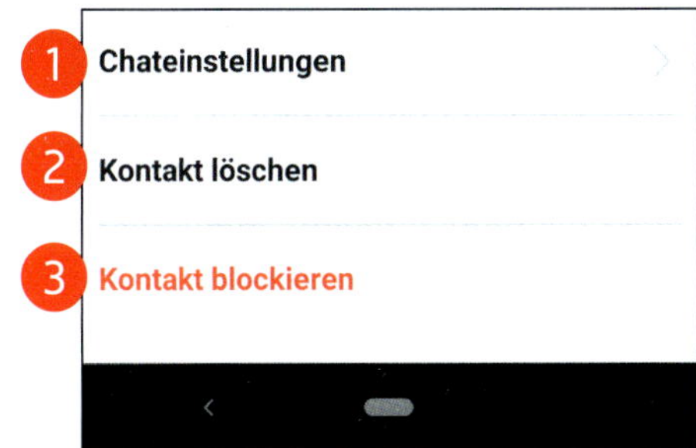

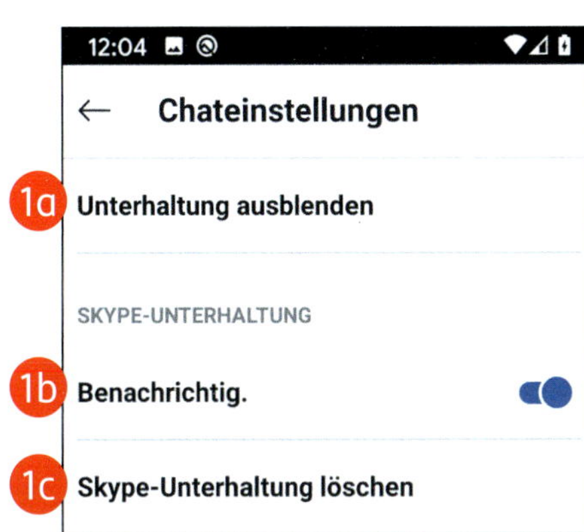

Kontakte – Profil

Unterhalb des Chatkataloges finden Sie:

(1) Chateinstellungen

(1a) Unterhaltung ausblenden
Wenn eingeschaltet, ist diese Unterhaltung in der Chat-Liste nicht mehr zu sehen. Erst eine neue Nachricht aktiviert die normale Ansicht wieder.

(1b) Benachrichtigung
Stellen Sie hier ein, ob Sie von diesem Chat bei einer neuen Nachricht benachrichtigt werden möchten.

(1c) Skype-Unterhaltung löschen
Damit löschen Sie den kompletten Chat-Verlauf, der Kontakt selbst bleibt erhalten.

(2) Kontakt löschen
Damit löschen Sie nach einer Sicherheitsabfrage diesen Kontakt mit all seinen Daten.

(3) Kontakt blockieren
Für einen blockierten Kontakt sind Sie nicht mehr zu erreichen. Keine Nachricht, kein Telefon, kein Video, kein gar nichts.

WICHTIG:
• Der gesperrte Kontakt erfährt nichts von seinem Schicksal!
• Zum Entsperren gehen Sie in Ihr eigenes Profil: Einstellungen > Kontakte > Blockierte Kontakte

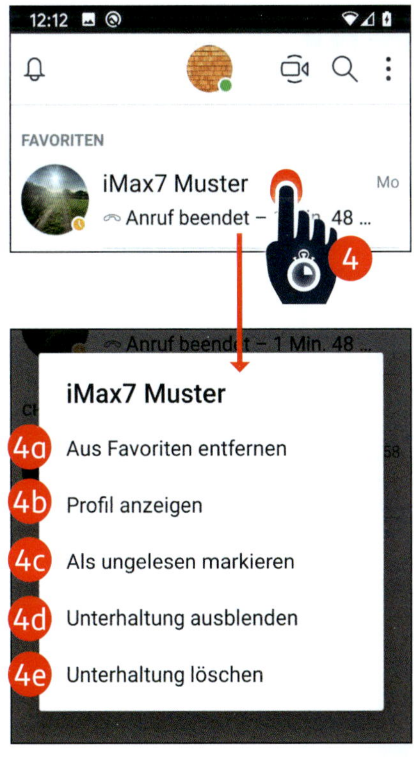

Kontakte – Schnelleinstellungen

Legen Sie in der Chat-Übersicht Ihren Finger auf einen Kontakt, wird diese Auswahl geöffnet:

(4a) Zu Favoriten hinzufügen / Aus Favoriten entfernen
Favoriten werden in der Chat-Liste und den Kontakten immer ganz oben angezeigt.

(4b) Profil anzeigen

(4c) Als ungelesen markieren
Damit erhält der Chat bzw. die Nachricht den Status ungelesen (= neu).

(4d) Unterhaltung ausblenden = (1a)

(4e) Unterhaltung löschen = (1c)

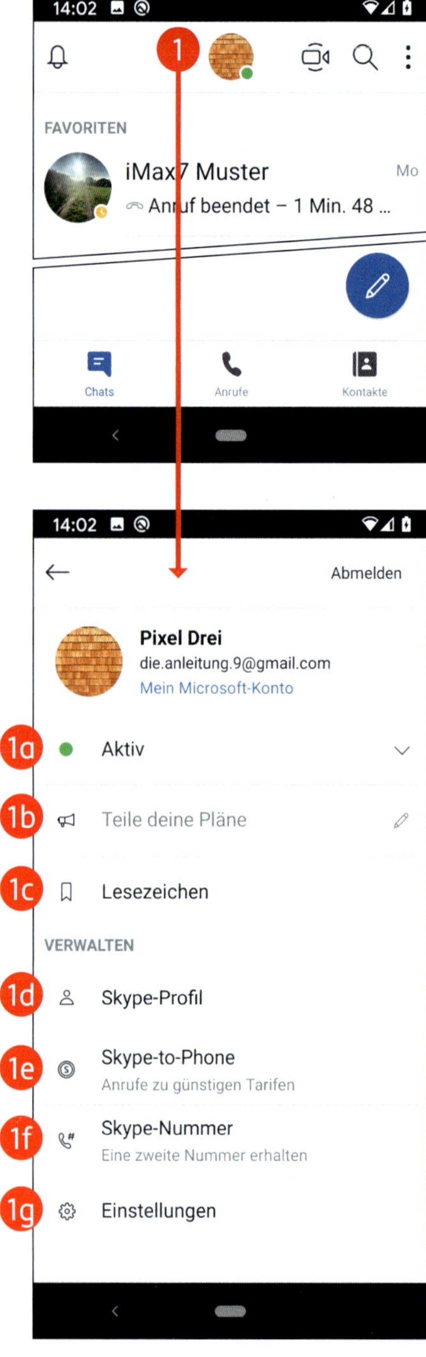

Eine Telefonnummer
für alle Ihre Bedürfnisse erhalten

Eine lokale Nummer erhalten und eingehende Anrufe auf jedem Gerät mit der Skype-App beantworten

Hier die Meldungen, die Sie zu einer kostenpflichtigen Nummer überreden sollen.

Ihr eigenes Profil – Übersicht

Hier gibt es viele Einstellungen, insbesondere zu Ihren persönlichen Daten. Die wichtigsten davon habe ich für Sie mit diesem Symbol ○ markiert.

Sie öffnen Ihr Profil, indem Sie ganz oben in der Chat-Übersicht auf Ihr eigenes Profilfoto tippen (1). In der neuen Ansicht sehen Sie diese Einträge:

(1a) Aktiv
Legen Sie hier Ihren aktuellen Status fest.

(1b) Teile deine Pläne
Damit erweitern Sie Ihren Status um eine detaillierte Angabe. Zum Beispiel: Bin gleich zurück.
Das ist aber eher eine Angabe für die ganz Aktiven ;-)

Sie können aber auch eine freien Text eingeben. Zum Beispiel Ihr Lebensmotto.

○ (1c) Lesezeichen
Hier finden Sie die Beiträge, die Sie mit einem Lesezeichen markiert haben.

(1d) Skype-Profil > nächste Seite

(1e) Skype-to-Phone
Gegen Gebühr auch Rufnummern außerhalb von Skype anrufen.

(1f) Skype-Nummer
Gegen Gebühr eine „normale" Telefonnummer erhalten.

○ (1g) Einstellungen > Seite 34

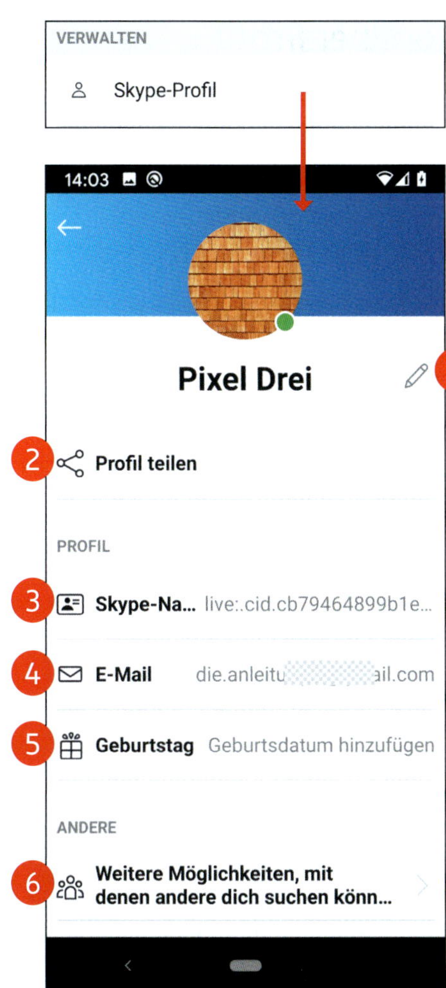

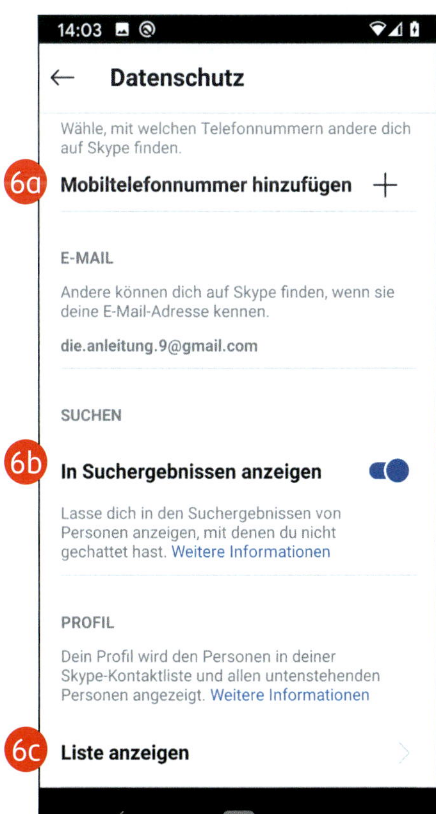

Skype-Profil

Manche Einstellungen wiederholen sich, andere wiederum sind etwas versteckt ...

(1) Bleistift
Name und Profilfoto ändern.

(2) Profil teilen
Hier finden Sie eine Möglichkeit, um sich mit anderen ganz einfach zu verbinden.
Letztendlich ist es aber nur eine Einladung, mit der Sie andere auffordern, auch Skype zu installieren.

Hier finden Sie auch den Kontaktaustausch per QR-Code und ersparen sich bzw. Ihrem Gegenüber das Abtippen von langen Skype-Namen (Seite 54).

(3) Skype-Name
Tippen Sie darauf, um Ihren Skype-Namen zu kopieren und an andere zu senden – damit können diese mit Ihnen Kontakt aufnehmen.

(4) E-Mail
Die von Ihnen hinterlegte E-Mail-Adresse.

(5) Geburtstag
Dieses Daten müssen Sie nicht „veröffentlichen".

(6) Weitere Möglichkeiten ...

Mit einem Tipp darauf, kommen Sie zu einigen Einstellungen für den Datenschutz:

(6a) Mobiltelefonnummer hinzufügen
Das ist nur für andere, die Sie darüber bei Skype suchen könnten. Schon beim Einrichten müssen Sie entweder diese Telefonnummer angeben oder Ihre E-Mail-Adresse.

(6b) In Suchergebnissen anzeigen
Wenn Sie bei Skype ganz anonym bleiben wollen, schalten Sie diese Funktion aus.

(6c) Liste anzeigen
Hier finden Sie eine Liste mit allen Kontakten, denen Ihr Profil angezeigt wird. Dort können Sie die Profile der Kontakte öffnen und auch einzelne Kontakte löschen.

Weiter mit den Einstellungen auf der nächsten Seite >

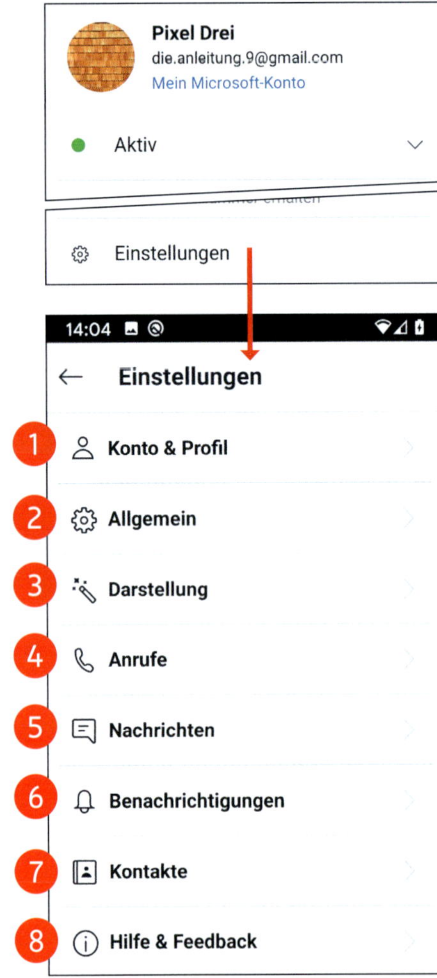

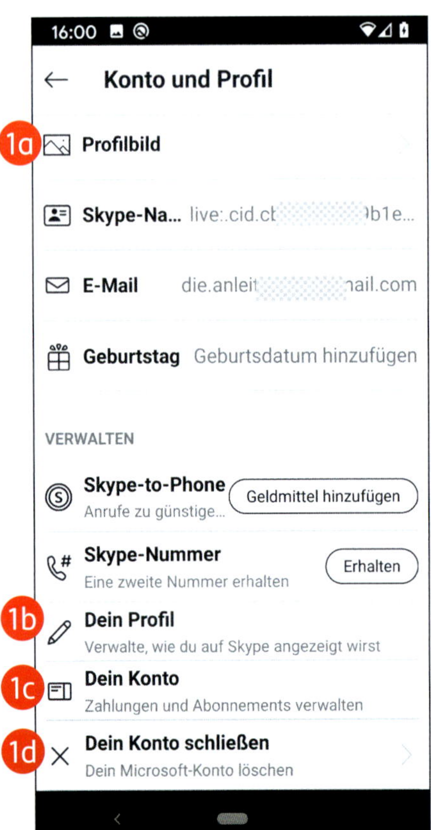

Einstellungen – Konto & Profil

Am Ende der Profil-Übersicht ist der Eintrag Einstellungen, mit dem Sie diese Auswahl öffnen:

(1) Konto & Profil
Hier gibt es neben vielen Wiederholungen einige wichtige Einträge/Einstellungen:

(1a) Profilbild
Stellen Sie hier ein, wer Ihr Profilbild sehen kann: Öffentlich (0 alle) oder Nur Kontakte.

(1b) Dein Profil > nächste Seite

(1c) Dein Konto
Eine Übersicht der Finanzen zu Ihrem Skype-Konto. Das brauchen Sie nur, wenn Sie Guthaben geladen haben.

(1d) Dein Konto schließen = Löschen

(2) Allgemein > Seite 38
Einstellungen zum automatischen Übersetzer.

(3) Darstellung
Gestalten Sie hier die Darstellung für den Chat-Verlauf.

(4) Anrufe > Seite 36
Hier stellen u. a. Sie ein, wer Sie anrufen darf.

(5) Nachrichten > Seite 36
Unter anderem ist hier die Lesebestätigung versteckt.

(6) Benachrichtigungen > Seite 37
Eine lange Liste mit Einstellungen für verschieden Typen von Benachrichtigungen.

(7) Kontakte
- Hier können Sie die automatische Synchronisation Ihrer Kontakte ein- und ausschalten.
- Auch die blockierten Kontakte finden Sie hier – und können Sie wieder entsperren.
- Der Eintrag Datenschutz bringt Sie zu gleichen Auswahl, wie auch Seite 33/Nummer 6.

(8) Hilfe & Feedback
Der direkte Draht zu Microsoft. Aber versprechen Sie sich nicht zu viel davon.

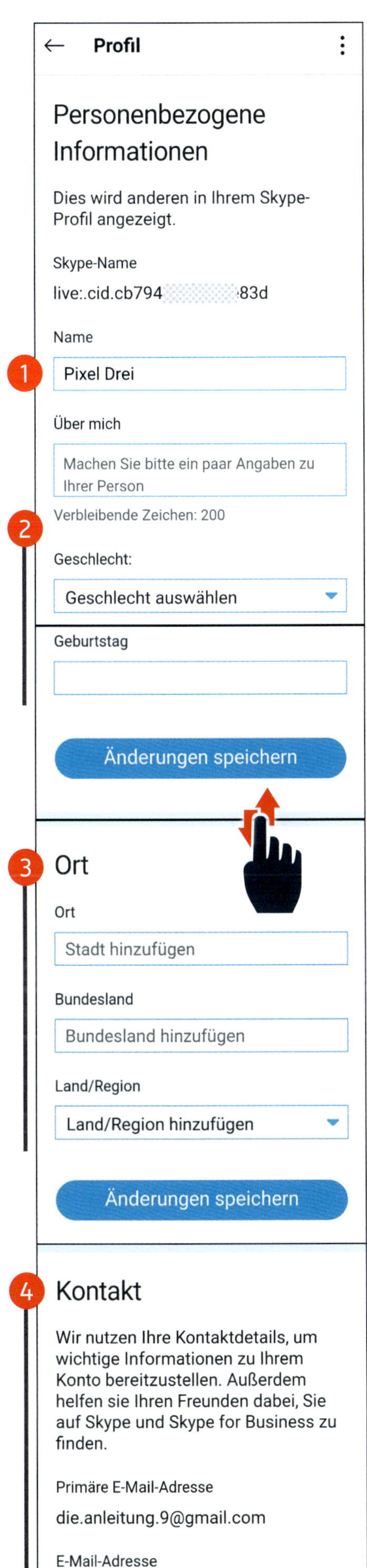

Dein Profil – Persönliches

Diese lange Liste müssen Sie nicht ganz ausfüllen. Hier geht es darum, dass Skype (= Microsoft) noch mehr Daten von Ihnen einsammelt und „nebenbei" stellen Sie hier ein, welche Schlagwörter Sie in der Skype-Suche besser identifizieren.

(1) Name
Ja, der sollte schon aussagekräftig sein.

(2) Über mich / Geschlecht / Geburtstag
Hier müssen Sie nichts eintragen.

(3) Ort / Bundesland / Land
Da es vermutlich Ihren Namen schon gibt, sollten Sie hier zusätzliche Informationen zu Ihrem Standort angeben, die anderen helfen, Sie besser zu finden.

Hier können Sie auch freien Text beim Ort eingeben: „Ganz oben an der Waterkant" oder so ...

(4) Kontakt
E-Mail oder Telefonnummer – eine davon reicht.

(4a) Bevorzugte Sprache: Deutsch

(5) Profileinstellungen
Möchten Sie in der Suche auch gefunden werden, dann sollten Sie diese Funktion hier aktivieren.

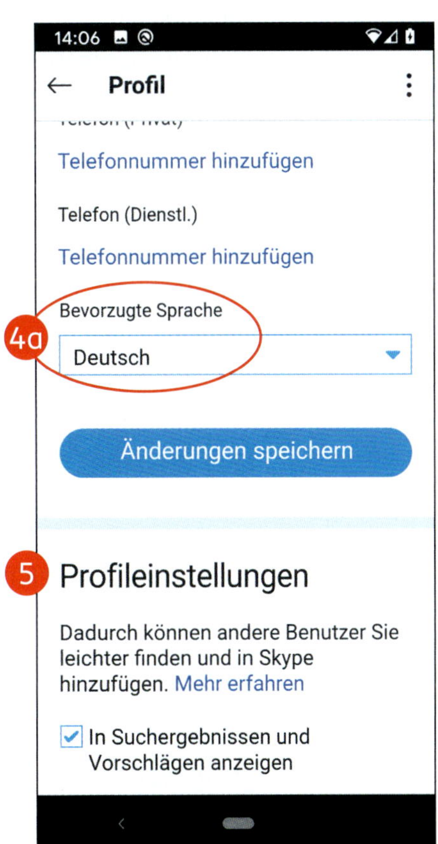

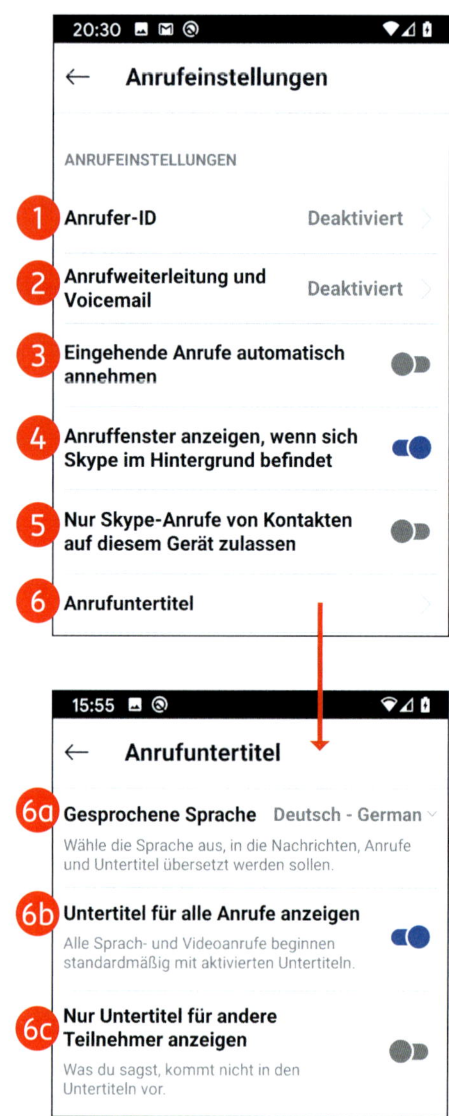

Anrufeinstellungen

(1) Anrufer-ID > Normalerweise ohne
Das ist die Telefonnummer, die beim Anrufen oder Senden einer Nachricht an „externe" Kontakte angezeigt wird.

(2) Anrufweiterleitung und Voicemail
Dafür ist Skype nicht gedacht, das ist schnell mal mit erheblichen Kosten verbunden.

(3) Eingehende Anrufe automatisch annehmen
Eine interessante Funktion für Menschen, die unsicher in der Bedienung sind. Eine eingehende Verbindung – auch mit Video – wird automatisch aktiviert.

(4) Anruffenster anzeigen, wenn ... > EIN
Nur so erfahren Sie von Anrufen.

(5) Nur Skype-Anrufe von Kontakten auf ...
Damit legen Sie fest, ob auch Personen anrufen dürfen, die nicht in Ihren Kontakten sind.

(6) Anrufuntertitel > Seite 38
Das ist ein automatischer Übersetzer für Text und Sprache – sehr praktisch.

(6a) Gesprochene Sprache > Deutsch
Stellen Sie hier die Zielsprache ein, in die übersetzt werden soll.

(6b) Untertitel für alle Anrufe > EIN/AUS
Wenn aktiv, starten alle Sprach- und Videoanrufe automatisch mit Untertiteln

(6c) Nur Untertitel für andere Teilnehmer > EIN
Ihre eigene Sprache müssen Sie ja nicht anzeigen.

Nachrichten – Einstellungen (7)

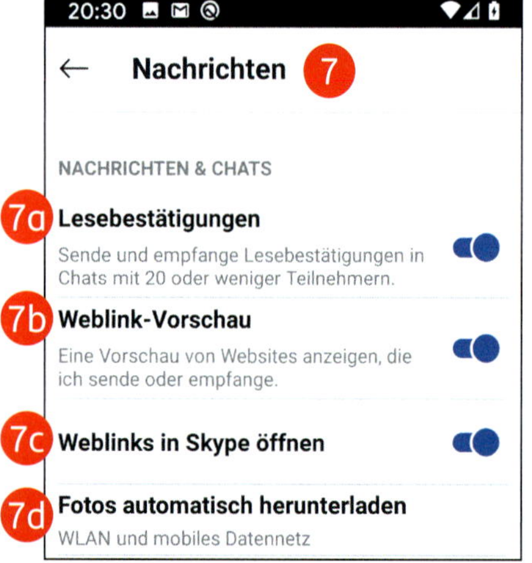

(7a) Lesebestätigungen
Wenn aktiv, wird neben einer gelesenen Nachricht das Profilfoto als Lese-Bestätigung angezeigt.

(7b) Weblink-Vorschau
Versenden/erhalten Sie in einer Nachricht einen Link zu einer Website, wird eine kleine Vorschau angezeigt.

(7c) Weblinks in Skype öffnen > AUS
Ich finde es sinnvoller, wenn die Internetseite direkt im Browser geöffnet wird. Dann können Sie z. B. auch gleich ein Lesezeichen dafür vergeben.

(7d) Fotos automatisch herunterladen
Entscheiden Sie hier, wann Fotos von Skype-Unterhaltungen geladen werden:
- WLAN und mobiles Netz
- Nur WLAN
- Nie

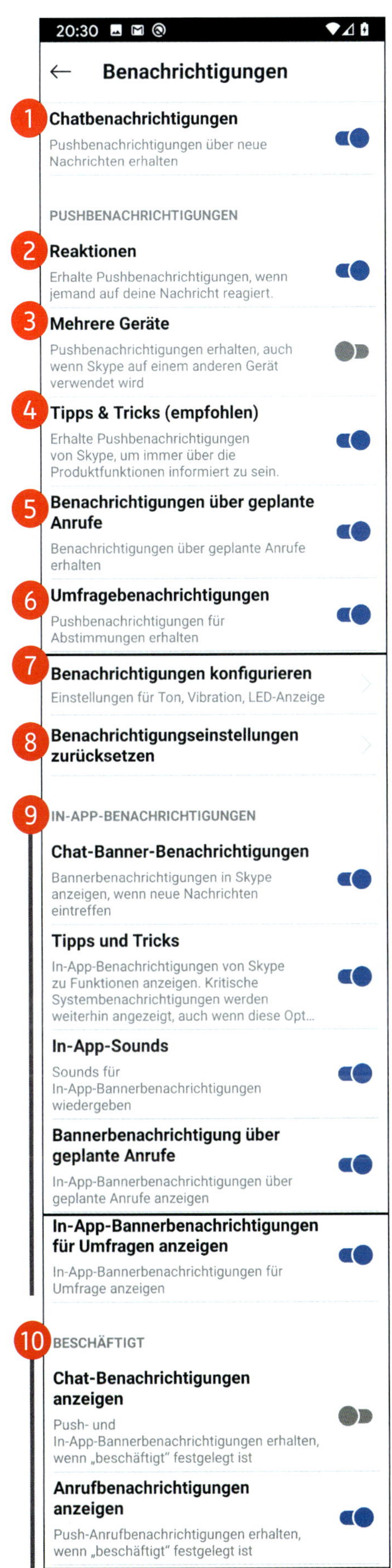

Benachrichtigungen

Hier stellen Sie ein, wann und wie Benachrichtigungen über neue Nachrichten angezeigt werden:

(1) Chatbenachrichtigungen > EIN
Das ist der Hauptschalter für Benachrichtigungen.

Pushbenachrichtigungen:

(2) Reaktionen > AUS

(3) Mehrere Geräte > AUS

(4) Tipp & Tricks > EIN/AUS

(5) Benachrichtigungen über geplante ... > EIN/AUS

(6) Umfragebenachrichtigungen > EIN/AUS

(7) Benachrichtigungen konfigurieren
Hier finden Sie zu jedem Typ Nachricht die Details zu den Einstellungen – für den Start ist das aber schon gut eingestellt.

(8) Benachrichtigungseinstellungen zurücksetzen

(9) In-App-Benachrichtigungen
Stellen Sie hier die Art der Benachrichtigung ein, wenn Sie Skype schon geöffnet haben.

(10) Beschäftigt
Welche Benachrichtigungen sollen erfolgen, wenn Sie den Status „beschäftigt" eingestellt haben.

(11) E-Mail-Benachrichtigungen
Wenn Sie die Benachrichtigungen auch per E-Mail erhalten möchten, dann lassen Sie beide Einträge eingeschaltet:

Autom. Übersetzung – Voreinstellungen

Eine sehr praktische Funktion ist die automatische Übersetzung von Text und Sprache. Zum Beispiel, wenn Sie eine Unterhaltung führen, der Gesprächspartner aber nur Englisch spricht.

Die Vorbereitung:

Öffnen Sie Ihr Profil mit einem Tipp auf Ihr Profilfoto in der Chat-Übersicht, dort wählen Sie Einstellungen und dann Allgemein (1) (siehe auch Seite 38).

Hier nehmen Sie diese Einstellungen vor:

(2) Sprache > Auswählen
Das ist Ihre eigene Sprache, in die übersetzt werden soll, auch „Zielsprache" genannt.

Verlassen Sie sich nicht auf die Gerätesprache, sondern wählen Sie Ihre Sprache aus (2a) (hier Deutsch).

(3) Standort mit Bing teilen > AUS

(4) Effekte > Nichts einstellen/ändern

(5) Übersetzungseinstellungen > Auswählen
Wie bei der Sprache auch hier aktiv einstellen (5a).

(5b) Übersetzungsstimme > Auswählen

(5c) Genauigkeit Skype-Translator > AUS

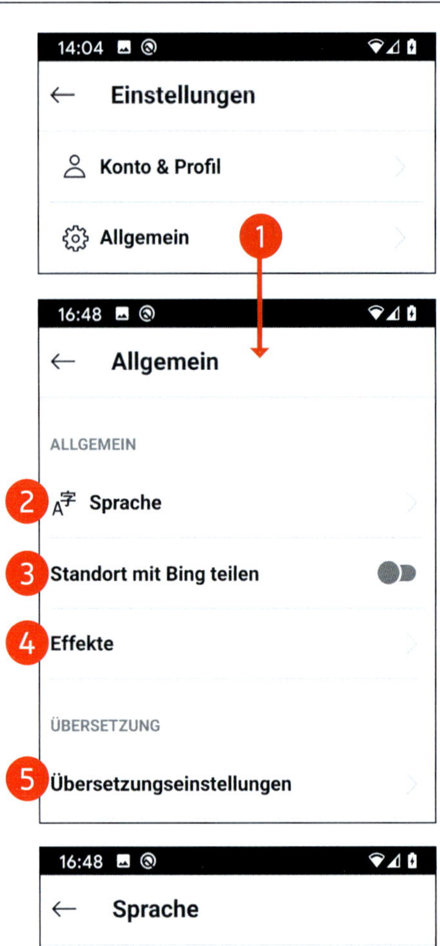

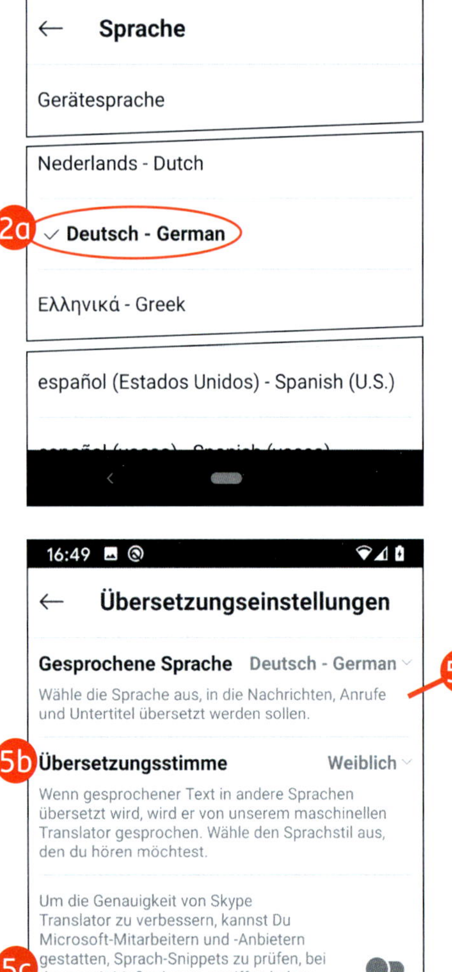

Text übersetzen

Hat Ihr Gesprächspartner die gleichen Einstellungen für SEINE Sprache gemacht, kann es FAST schon losgehen.

Zuvor müssen Sie die Funktion aber noch aktivieren.

Öffnen Sie dazu die Unterhaltung und tippen Sie am oberen Rand auf den Namen des Gesprächspartners, um das Profil zu öffnen.

Schieben Sie die Anzeige etwas nach oben und tippen Sie auf Übersetzungsanforderung senden (1).
Ihr Gesprächspartner erhält dann diese Meldung (2).
Akzeptiert er die Übersetzung mit einem Tipp auf Annehmen (3), erhalten Sie darüber eine Bestätigung (4).

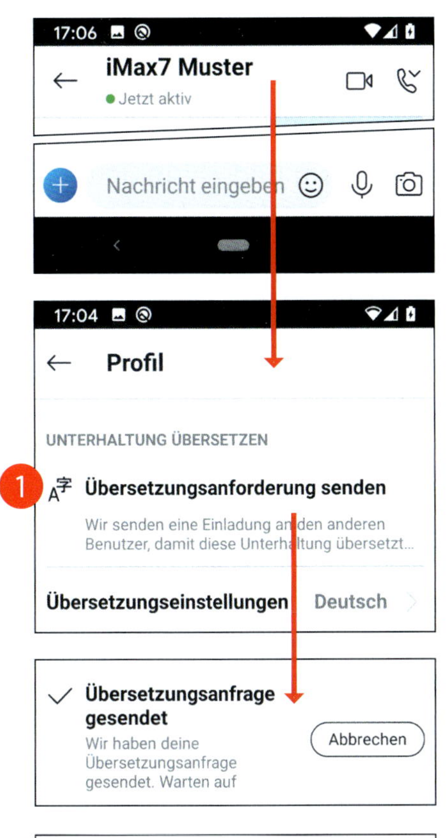

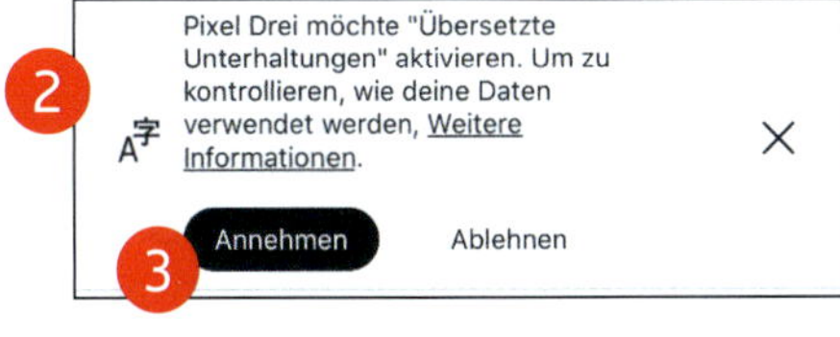

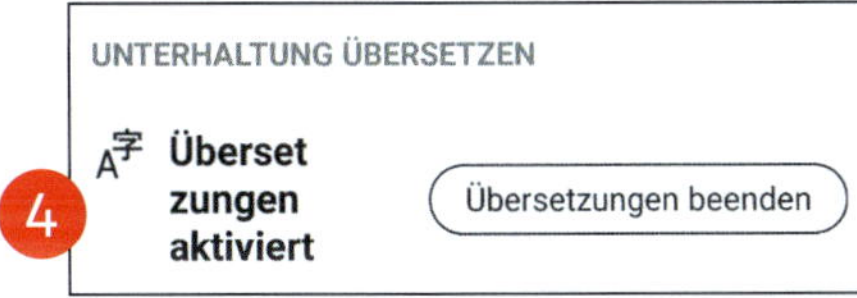

Jetzt kann die Magie beginnen:

iMax7 Muster schreibt: Good morning
Sie (Pixel Drei) erhalten: Guten Morgen

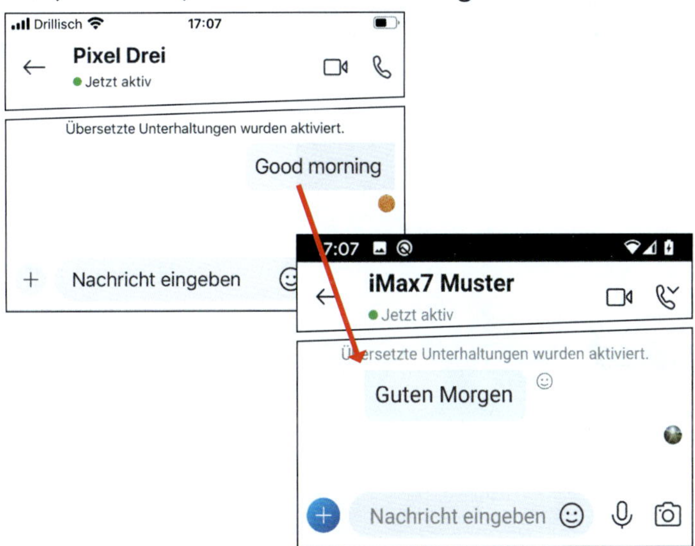

Sie schreiben: Hallo, wie geht's?
Er erhält: Hello, how's it going?

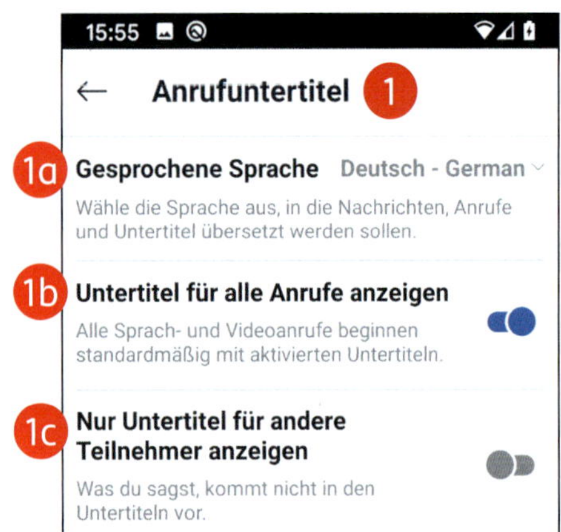

Sprache übersetzen

Ja, auch das ist möglich:
Ein Telefonat wird übersetzt während Sie sprechen!

Sie sehen den übersetzen Text am Bildschirm und außerdem wird er Ihnen noch vorgelesen.

Zusätzlich zu den Einstellungen auf den letzen Seiten müssen Sie noch diese Funktionen aktivieren:

Ihr Profil (Seite 36+) > Einstellungen > Anrufeinstellungen > Anrufuntertitel

Dann sehen Sie dieses Fenster (1):

(1a) Gesprochene Sprache > Deutsch
Verlassen Sie sich nicht auf die Gerätesprache, stellen Sie hier die Zielsprache ein, in die übersetzt werden soll.

(1b) Untertitel für alle Anrufe > EIN/AUS
Wenn aktiv, starten alle Sprach- und Videoanrufe automatisch mit Untertiteln

(1c) Nur Untertitel für andere Teilnehmer > EIN
Ihre eigene Sprache müssen Sie ja nicht übersetzen bzw. anzeigen lassen.

Die Änderungen zu einem normalen Telefonat sind gleich nach dem Start zu sehen:

(2) Hinweis auf die Übersetzung
Diese Meldung sehen Sie nur beim ersten Telefonat, sie verschwindet dann automatisch.

(3) Untertitel werden aktiviert ...
Das ist der Hinweis auf eine aktive Übersetzung. Sobald der Gesprächspartner spricht, ist hier die Übersetzung zu sehen (3a).

WICHTIG:

- Grundlage für diese Funktion ist eine aktive Freigabe für die Übersetzung > Seite 38+
- Die Übersetzung wird bei Gesprächsende gelöscht.
- Das funktioniert auch bei einer Video-Verbindung.

Weiter geht's auf der nächsten Seite >>

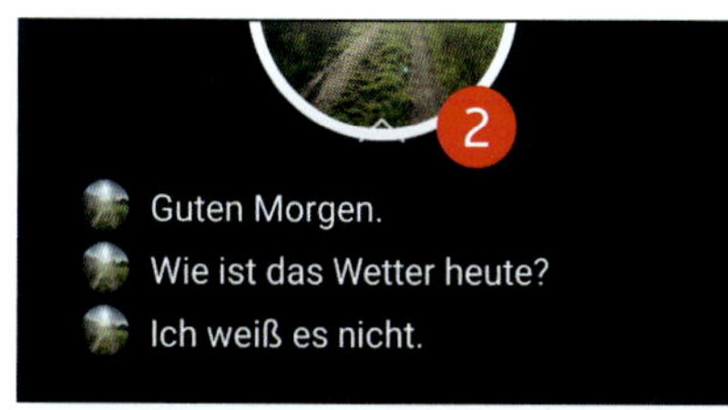

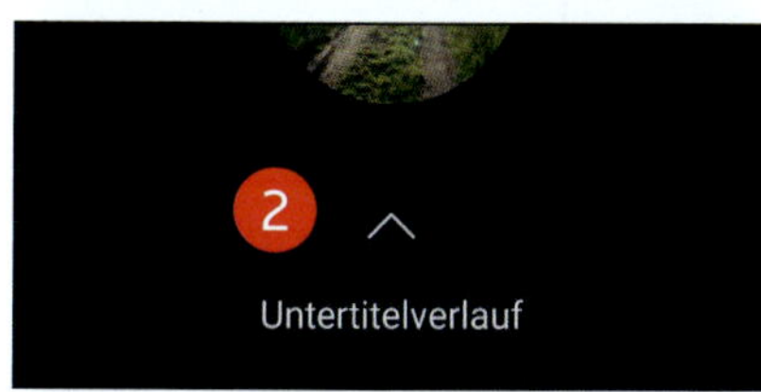

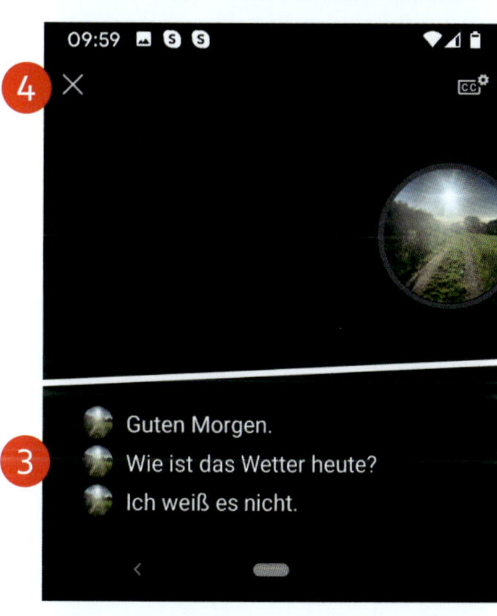

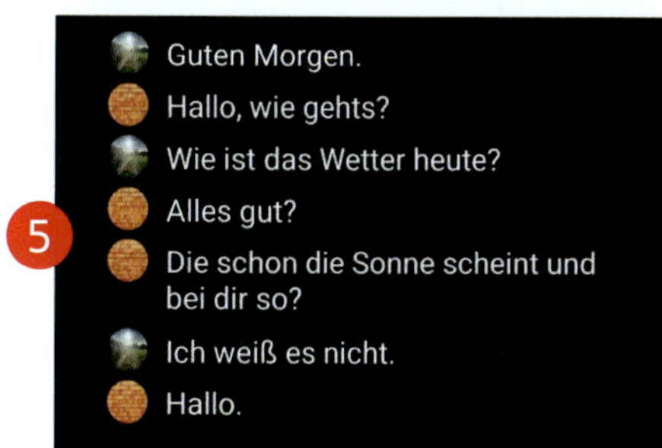

Wir bleiben bei unserem Beispiel:
Es ist alles eingestellt, die Verbindung hergestellt und der Gesprächspartner beginnt zu sprechen – englisch.

Dann passiert folgendes:

- Sie hören Ihren Gegenüber live sprechen.
- Nach einem kurzen Moment wird die Übersetzung angezeigt (1) und Ihnen vorgelesen.
- Die angezeigte Übersetzung ist nur einen kurzen Moment zu sehen und verschwindet dann. Stattdessen wird ein Hinweis auf den Untertitelverlauf angezeigt (2). Den sehen Sie auch, wenn Sie auf den Bildschirm tippen.
- Tippen Sie auf dieses Symbol (2), sehen Sie den kompletten Verlauf der Unterhaltung (3).
- Mit einem Tipp auf das X (4) kommen Sie zurück zur normalen Ansicht.

TIPP:
Aktivieren Sie bei einer übersetzten Unterhaltung den Lautsprecher (= Freisprechen), dann müssen Sie das Gerät nicht ans Ohr halten.
Legen Sie es vor sich auch den Tisch, dann können Sie die Übersetzung auch mitlesen.

Zur Erinnerung:
Die Bedienelemente verschwinden nach kurzer Zeit, werden aber mit einem Tipp auf den Bildschirm wieder sichtbar.

HINWEIS:
Haben Sie die Untertitel auch für sich selbst aktiviert, wird alles, was Sie sagen, als Text im Verlauf angezeigt (5).

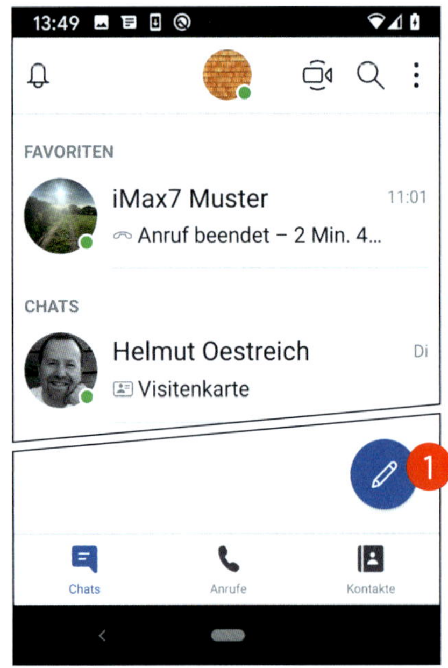

Eine Gruppe einrichten

Mit Skype können Sie sich gleichzeitig mit bis zu 50 Teilnehmern unterhalten und auch eine Videokonferenz abhalten. So gehts:

Tippen Sie in der Chat-Übersicht auf den Bleistift (1), um eine neue Nachricht zu schreiben, und dann im Menü auf Neuer Gruppenchat (2).

HINWEIS:
Bei Apple finden Sie das Symbol für eine neue Nachricht rechts oben in der Ecke(3):

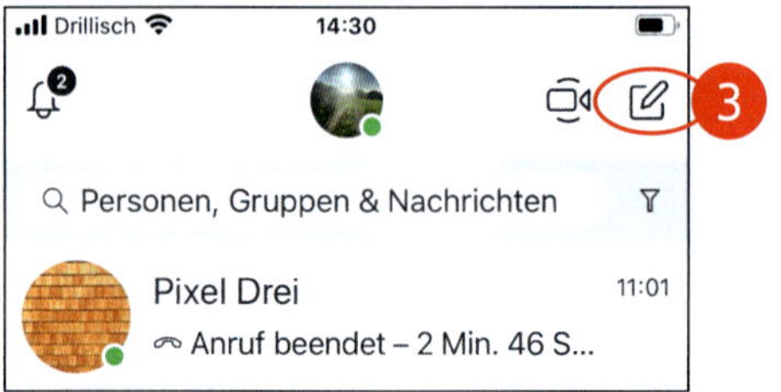

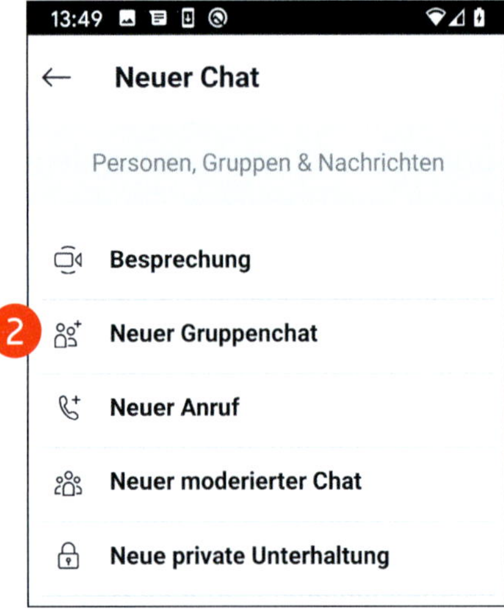

Als Nächstes vergeben Sie einen Namen und ein Profilfoto für den neuen Chat (4). Bestätigen Sie Ihre Eingaben mit einem Tipp auf den Pfeil (5).

Dann wählen Sie aus Ihrer Kontaktliste (6) die gewünschten Teilnehmer aus (7) und schließen das Fenster mit Fertig (8).

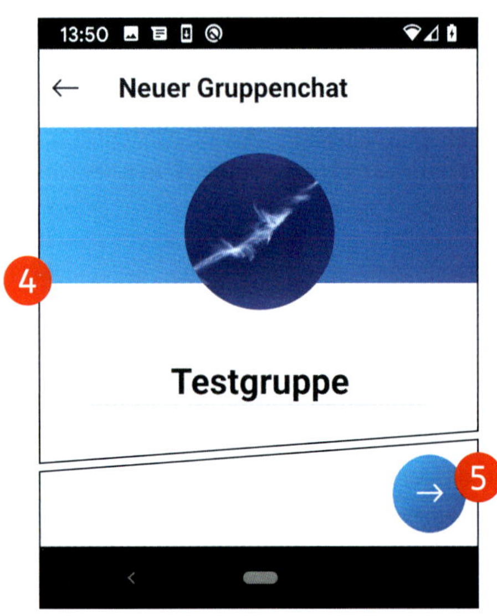

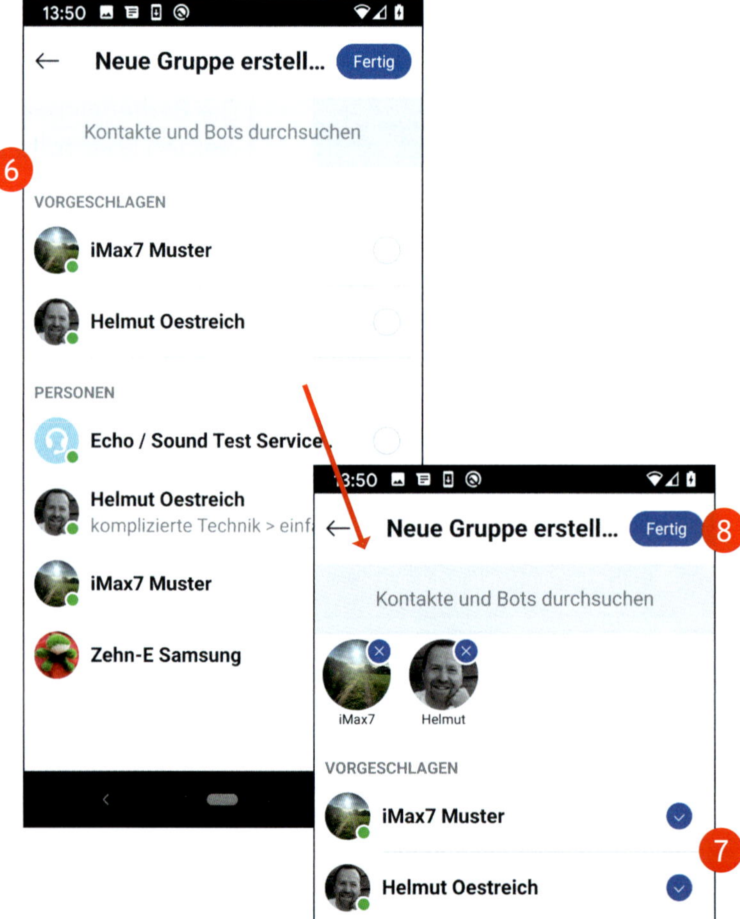

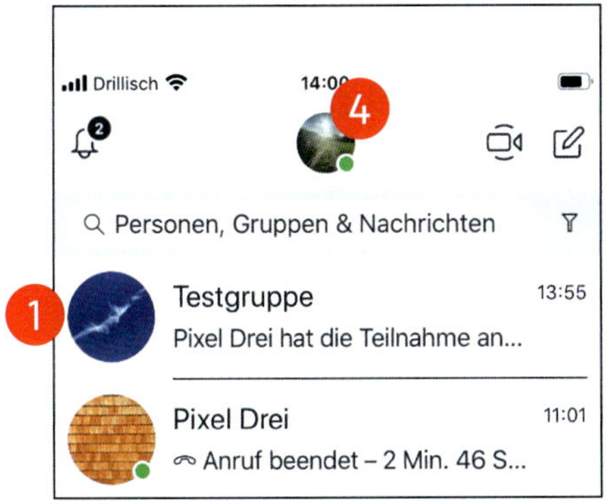

Jetzt wird die neue Unterhaltung erstellt und bei allen Teilnehmern angelegt (1).

Die Bedienung einer Gruppe gleicht der eines normalen 1:1-Chat. Text eingeben, Bilder verschicken, alles wie gehabt (2). Auch die Antworten darauf werden so wie immer angezeigt (3).

Einen Unterschied gibt es aber doch:
Tippen Sie im Chat auf den Namen der Gruppe (4), öffnet sich auch hier das Profil dazu – mit neuen Einträgen:

(5) Teilnehmer
Legen Sie Ihren Finger auf einen davon, wird ein kleines Untermenü angezeigt:

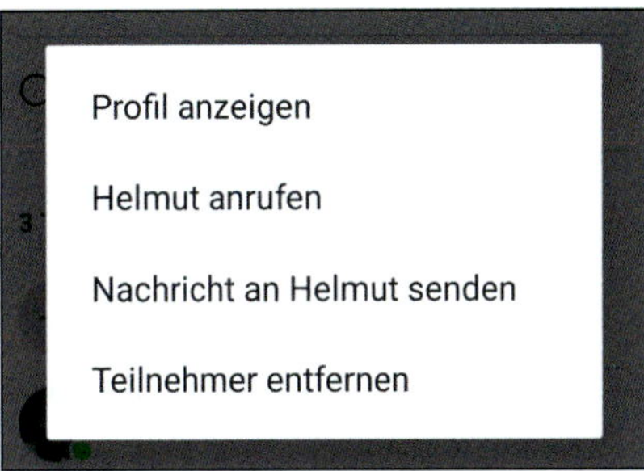

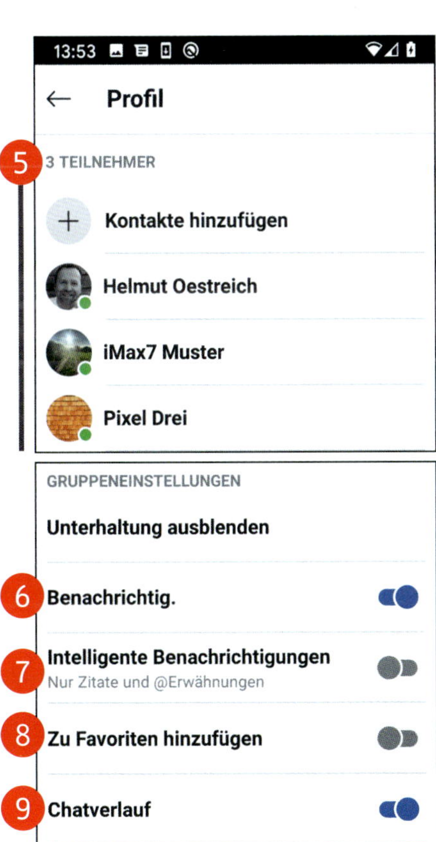

(6) Benachrichtigung
Die Basis-Einstellung, ob Sie bei neuen Nachrichten per Mitteilung informiert werden wollen.

(7) Intelligente Benachrichtigungen
Bei einer großen, aktiven Gruppe können die Benachrichtigungen sehr schnell überhand nehmen. Aktivieren Sie diese Funktion, werden Sie nur noch benachrichtigt, wenn jemand eine Nachricht von Ihnen zitiert oder Sie direkt mit @ XY erwähnt.

(8) Zu Favoriten hinzufügen

(9) Chatverlauf

Damit schalten Sie den bisherigen Chatverlauf für neue Teilnehmer EIN/AUS:

(10) Gruppe über Link teilen > nächste Seite
Damit können Sie auch Teilnehmer in die Gruppe einladen, die bisher nicht zu Ihren Kontakten gehören.

(11) Gruppe verlassen

WICHTIG:
Alle Teilnehmer der Gruppe haben die gleichen Rechte. Jeder kann:
- den Namen und/oder das Profilfoto ändern.
- andere aus der Gruppe entfernen.
- selbst die Gruppe verlassen.

Jeder Teilnehmer sieht die Nachrichten von allen.

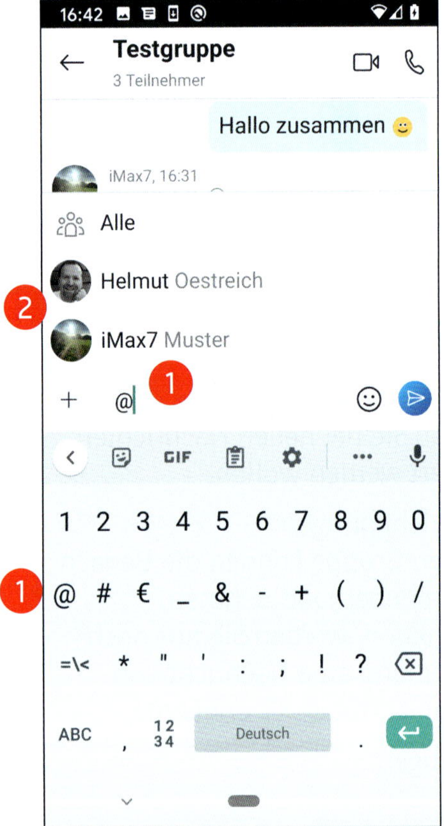

Gruppen Spezial

In großen Gruppen ist es manchmal schwierig, den Überblick zu behalten. Ist diese eine Nachricht an alle gerichtet? Oder nur an eine spezielle Person?

Aber auch dafür gibt es eine Lösung:

Sprechen Sie einen Teilnehmer konkret an, indem Sie vor Ihren Text das @-Zeichen und den Namen des Empfängers setzen.
Bereits wenn Sie das @-Zeichen eingeben (1), wird die Liste der Teilnehmer angezeigt (2). Sie müssen nur noch einen davon mit einem Tipp auswählen und der Name wird in Ihre Nachricht eingefügt (3). Wenn Sie jetzt für Ihren Text in eine neue Zeile wechseln (4), dann sieht das richtig gut aus (5).

Oder Sie zitieren eine Nachricht (Seite 16) und antworten darauf (6).

In beiden Fällen weiss jeder, dass Ihre Nachricht genau für diesen einen Teilnehmer gedacht ist.

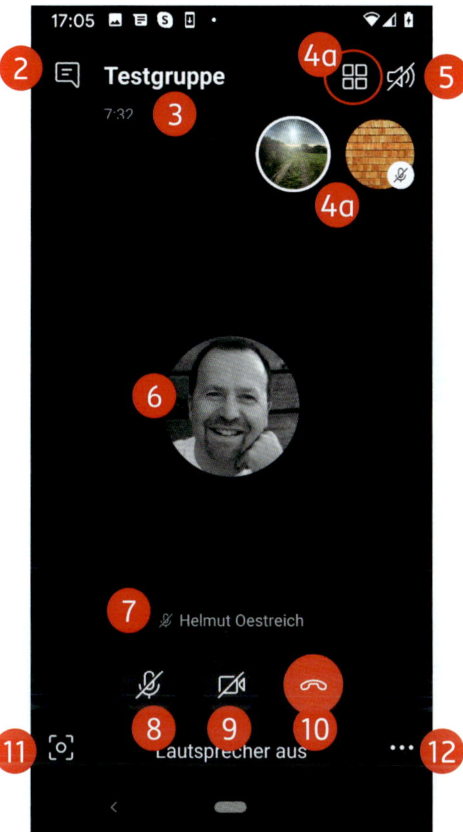

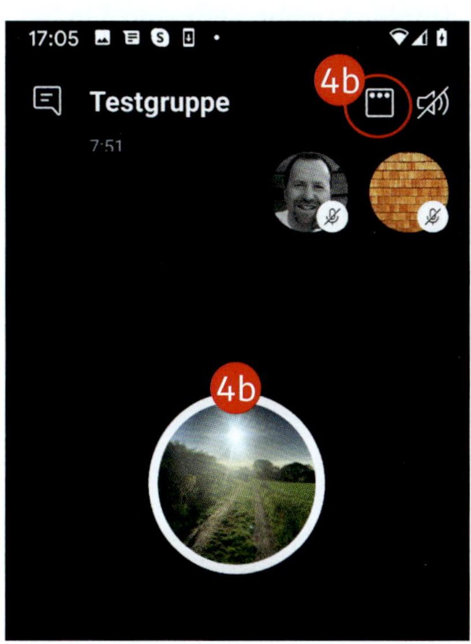

Telefon-Gruppe

Das geht genauso einfach wie bei einer 1:1-Verbindung, Sie tippen auf das entsprechend Symbol (1) und es läutet bei allen Teilnehmern.

Nach dem Verbindungsaufbau gibt es diese Symbole:

(2) Zur Chat-Ansicht
Das Telefonat läuft im Hintergrund weiter.

(3) Name der Gruppe und Zeitdauer der Verbindung

(4a) Ansicht umschalten: Raster
Hier werden alle Teilnehmer in einem festen Raster dargestellt. Ganz rechts ist Ihr eigenes Foto. Der gerade aktive Teilnehmer erhält einen weißen Ring.

(4b) Ansicht umschalten: Interaktiv
In dieser Ansicht wird der gerade aktive Teilnehmer vergrößert dargestellt und mit einem weißen Ring gekennzeichnet.

(5) Lautsprecher EIN/AUS

(6) Profilfoto des zuletzt aktivierten Teilnehmers

(7) Name des angezeigten Teilnehmers

(8) Mikrofon EIN/AUS

(9) Kamera EIN/AUS

(10) Verbindung beenden
Die verbleibenden Teilnehmer der Gruppe bleiben verbunden.

(11) Schnappschuss des Bildschirms machen und an alle Teilnehmer senden.

(12) Menü > Seite 47

Zur Erinnerung:
Die Bedienelemente verschwinden nach kurzer Zeit und werden mit einem Tipp auf den Bildschirm wieder eingeblendet.

Video-Gruppe

Wie bei der Telefon-Konferenz starten Sie mit nur einem Tipp (1) den Video-Anruf zu dieser Gruppe. Am Anfang sehen Sie das Bild Ihrer eigenen Kamera (2).

ABER:
Es klingelt bei den anderen Teilnehmern noch nicht. Sie erhalten lediglich eine stumme Mitteilung (3) und können dann entscheiden (4), ob Sie an der Video-Gruppe teilnehmen möchten:

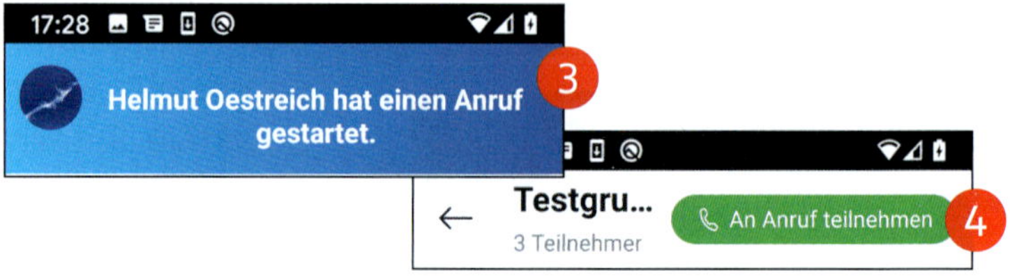

Tippen Sie auf Die Gruppe anrufen (5), startet der aktive Verbindungsaufbau.

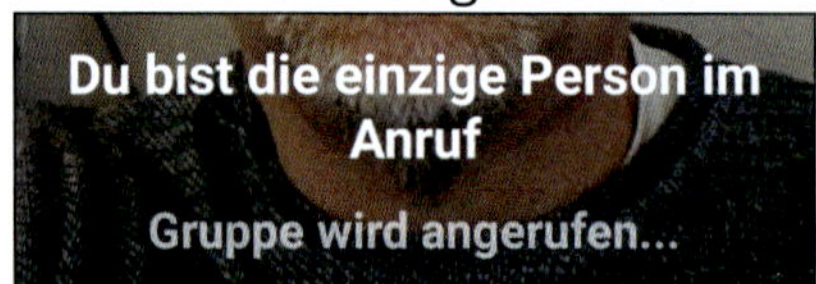

Haben sich die ersten Teilnehmer dazu geschaltet, wandert Ihr eigenes Bild als Miniaturansicht in die rechte obere Ecke (6). Tippen Sie darauf, um zwischen Vorder- und Rückkamera zu wechseln.

Rasteransicht (7)

Hier werden alle Teilnehmer in einem Raster angezeigt. Je mehr Teilnehmer, desto kleiner werden die einzelnen Ansichten. Hier sehen Sie auch, ob das Mikrofon einzelner Teilnehmer ausgeschaltet ist (8). Hat ein Teilnehmer seine Kamera ausgeschaltet, wird lediglich sein Profilbild angezeigt.

Mit einem Tipp auf das Raster-Symbol können Sie die Ansicht umschalten:

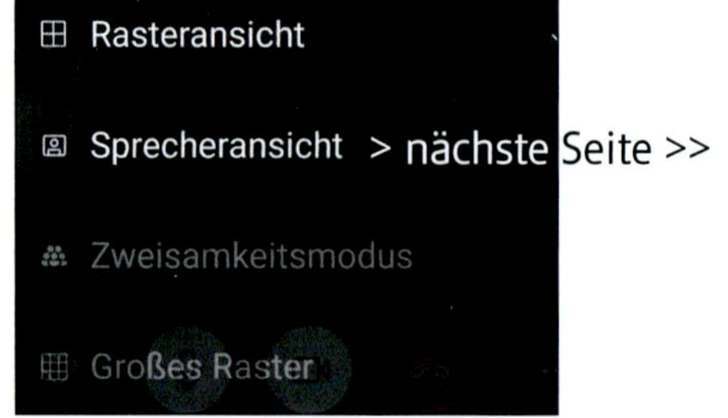

> nächste Seite >>

Zur Erinnerung:
Die Bedienelemente verschwinden nach kurzer Zeit und werden mit einem Tipp auf den Bildschirm wieder eingeblendet.

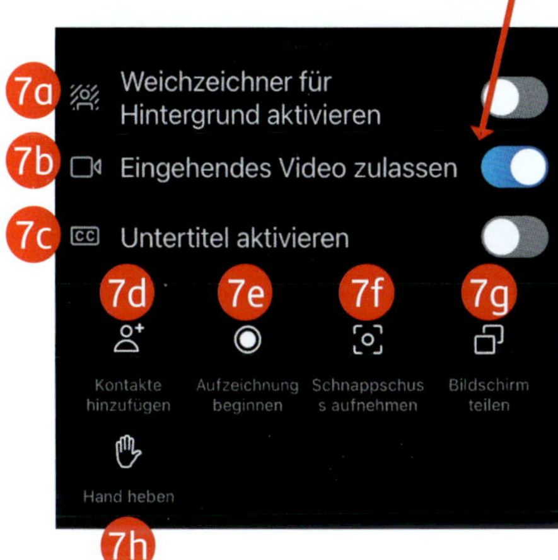

Um dieses Menü zu schließen, tippen Sie einfach auf den freien Hintergrund.

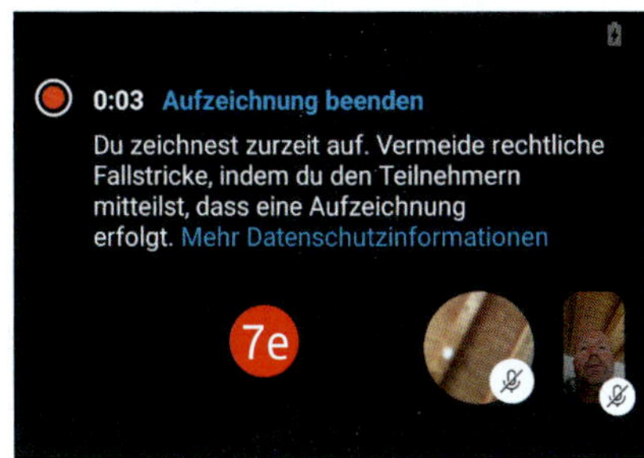

Sprecheransicht (1)

In dieser Ansicht wird mit einer automatischen Spracherkennung der gerade aktive Teilnehmer im Vollbild dargestellt (2). Alle anderen Teilnehmer werden lediglich als Zahl gelistet (3).

(4) Ein Herz an alle Teilnehmer senden

(5) Mikrofon und Kamera EIN/AUS

(6) Verbindung beenden / Gruppe verlassen

(7) Menü

(7a) Meinen Hintergrund weichzeichnen
Ob dieser Effekt zur Verfügung steht, ist abhängig von Ihrem Smartphone/Tablet/Computer.

(7b) Eingehendes Video zulassen
Eine gute Möglichkeit, um Daten zu sparen. Oder die Teilnehmer kurzfristig zu verbergen. Wenn aktiviert, werden die Kamerasignale der anderen Teilnehmer nicht angezeigt.

(7c) Untertitel aktivieren > Seite 38+

(7d) Kontakte hinzufügen
Fügen Sie weitere Teilnehmer zur Gruppe hinzu.

(7e) Aufzeichnung beginnen
Bild und Ton werden aufgezeichnet und nach dem Ende der Aufzeichnung an alle Teilnehmer verschickt.

WICHTIG:
Geteilte Bildschirme werden nicht aufgenommen.

(7f) Schnappschuss
Bildschirmfoto machen und sofort an alle senden.

(7g) Bildschirm teilen
Aktivieren Sie diese Funktion, um den anderen Teilnehmern den Inhalt Ihres Bildschirms zu zeigen – normalerweise ein Foto oder Inhalte einer anderen App.

WICHTIG:
Geben Sie auf diesem Bildschirm Kennwörter ein, werden auch diese übertragen!!

(7g) Hand heben > Seite 55
Wenn Sie sich zu Wort melden möchten.

Wichtige Grundlagen:

- Video-Gruppen benötigen eine schnelle und stabile Internet-Verbindung – am besten WLAN.
- Der Datenverbrauch ist sehr hoch, beim mobilen Einsatz wird Ihr Datenvolumen stark belastet!

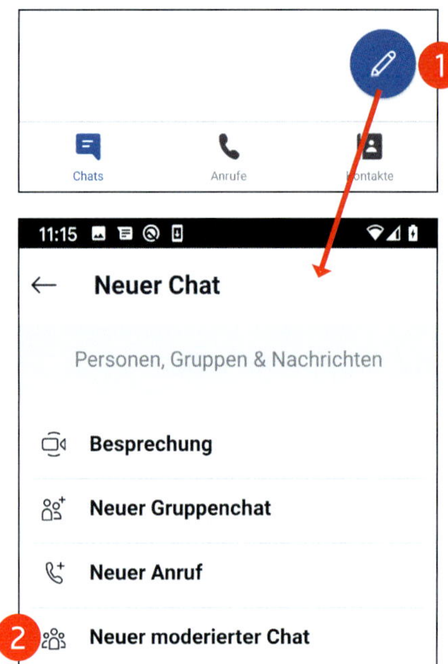

Moderierter Chat (Gruppe)

War es bisher so, dass in einer Gruppe alle die gleichen Rechte haben, ist das bei einem moderierten Chat anders. Hier gibt es einen expliziten Moderator und dann die Mitglieder dazu.

Tippen Sie auf neuen Chat (1) und dann auf Neuer moderierter Chat (2), um diese spezielle Gruppe anzulegen.
Vergeben Sie ein Profilbild und einen Namen und laden Sie die Teilnehmer ein.

Tippen Sie im Chat auf den Namen am oberen Rand, um das Profil zu öffnen, sehen Sie die Unterschiede:

Moderator (3)

Der Moderator verwaltet die Gruppe und hat dazu auch die entsprechenden Möglichkeiten. Mit einem Tipp auf einen Teilnehmer kann er diesen auch aus der Gruppe entfernen.

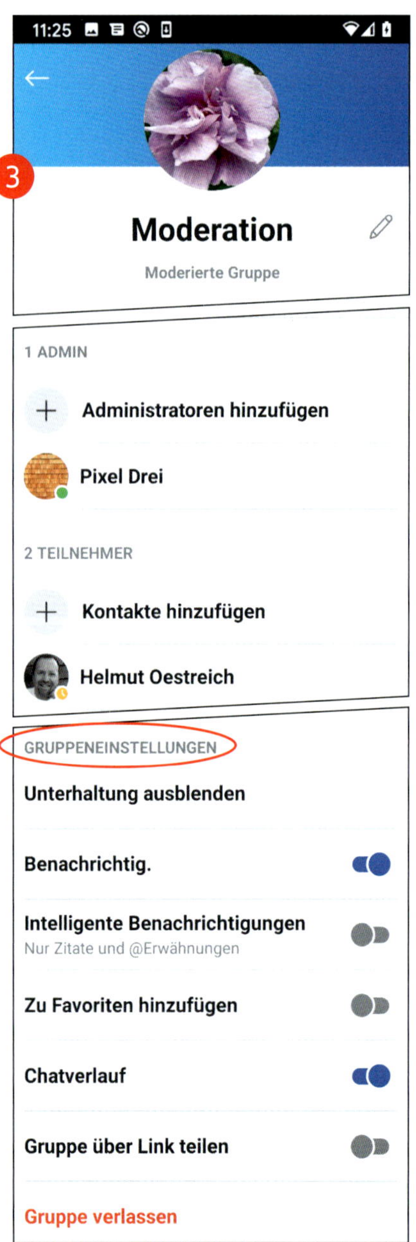

Teilnehmer (4)

Hier fehlen viele der Möglichkeiten, zum Bearbeiten der Gruppe!

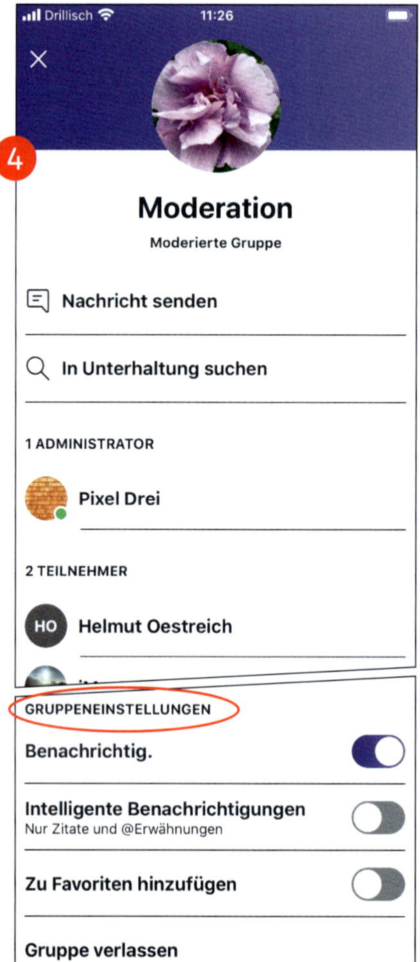

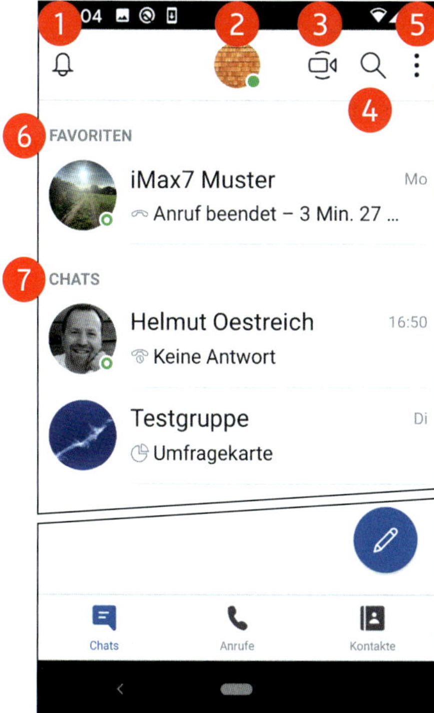

Chat-Übersicht

In der Chat-Übersicht finden Sie diese Informationen:

(1) Benachrichtigungen von Skype
Eine kleines Nummern-Symbol zeigt Neuigkeiten an.

(2) Zugang zu Ihrem eigenen Profil > Seite 32+

(3) Besprechung > Seite 60+

(4) Suche > Seite 52+

(5) Sortierung der Anzeige > Seite 9

(6) Favoriten
Wichtige Chats, die Sie als Favoriten markiert haben.

(7) Chats
Eine Liste all Ihrer Chats.

Ein einzelner Eintrag zeigt Ihnen:

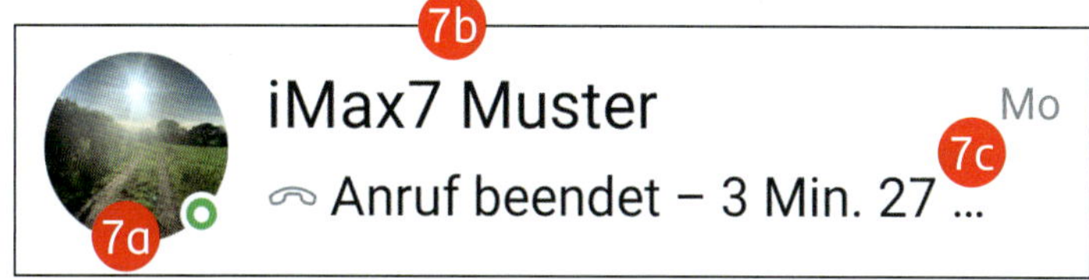

(7a) Profilbild mit Status (Seite 30+)

(7b) Name des Kontaktes

(7c) Letzte Aktion mit Uhrzeit/Datum

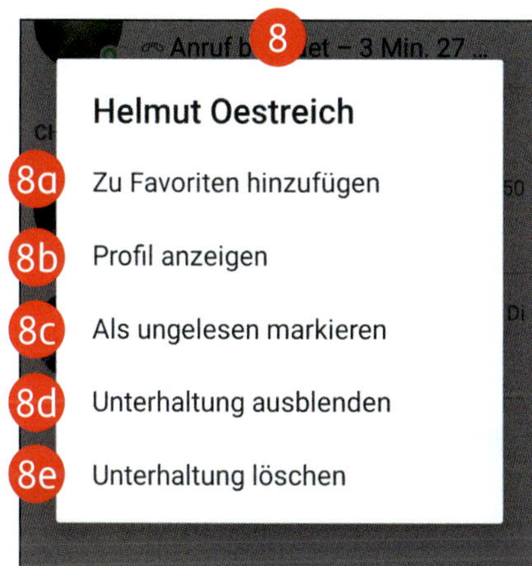

Legen Sie Ihre Finger etwas länger auf einen Eintrag erhalten Sie diese Auswahl (8):

(8a) Zu Favoriten hinzufügen (alt. entfernen)
Die so markierten Chats stehen immer ganz oben.

(8b) Profil anzeigen > Seite 30+

(8c) Als ungelesen markieren (alt. gelesen)
Der einzelne Chat und auch das Symbol für das Register „Chats" erhalten eine neu/ungelesen Anzeige.

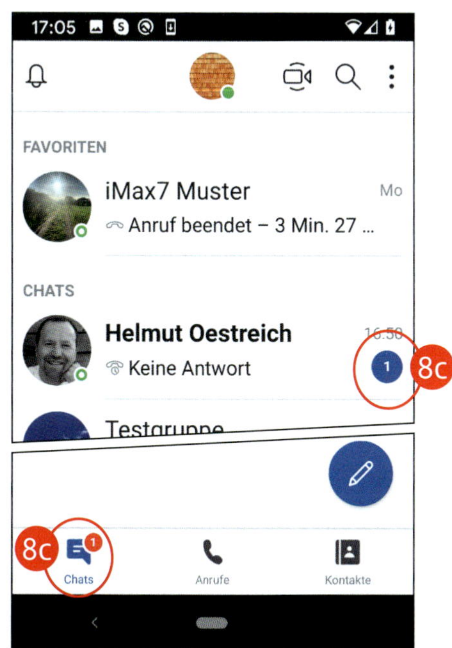

(8d) Unterhaltung ausblenden
Damit verbergen Sie diesen Chat vor neugierigen Blicken. Um die Unterhaltung wieder einzublenden, legen Sie Ihren Finger auf das Register-Symbol:

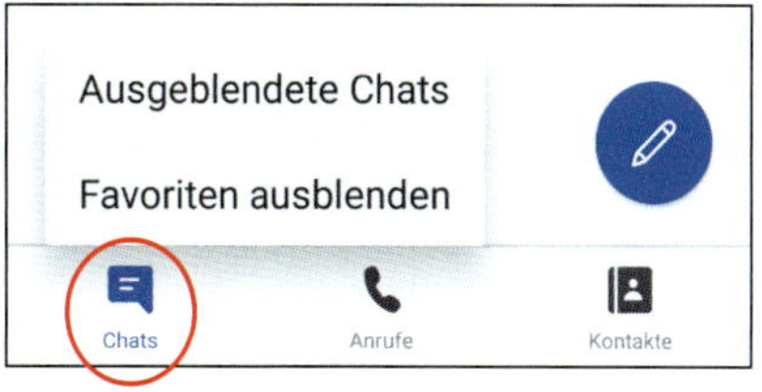

(8e) Unterhaltung löschen
Damit löschen Sie die Unterhaltung mit allen Inhalten.

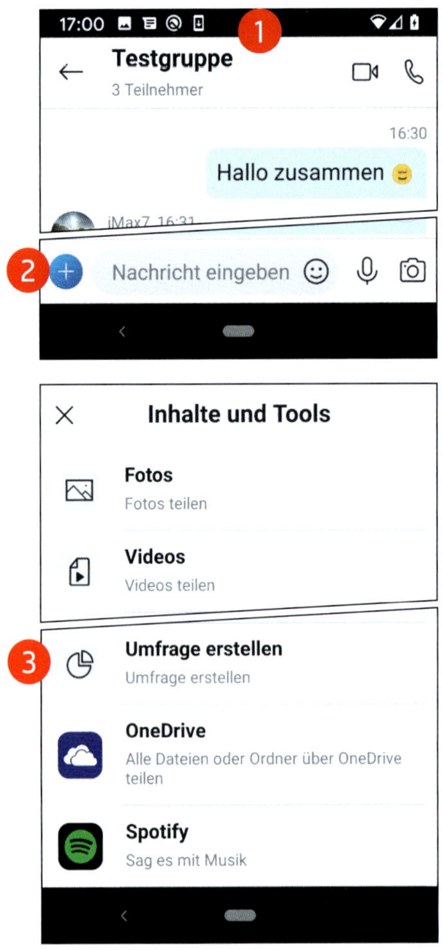

Umfrage erstellen

Umfragen sind eine gute Möglichkeit, um in einer Gruppe die Meinung zu bestimmten Themen abzufragen. So geht's:

Tippen Sie in einem Gruppenchat (1) auf das Plus-Symbol (2) links neben der Texteingabe. Schieben Sie das Menü etwas nach oben und wählen Sie dann Umfrage erstellen (3).

Damit öffnet sich das Formular die Umfrage:

(3a) Frage für die Umfrage eintragen

(3b) Ablauf
Legen Sie hier fest, an welchem Datum die Umfrage automatisch enden soll.

(3c) Uhrzeit
Wählen Sie hier die Uhrzeit für das Ende aus.

(3d) Optionen
Tragen Sie hier die möglichen Antworten ein.

Gut zu wissen:
Die Teilnehmer können immer nur EINE Antwort auswählen.

Schließen Sie Ihre Eingaben mit einem Tipp auf Umfrage erstellen (3e) ab.

Weiter auf der nächsten Seite >>

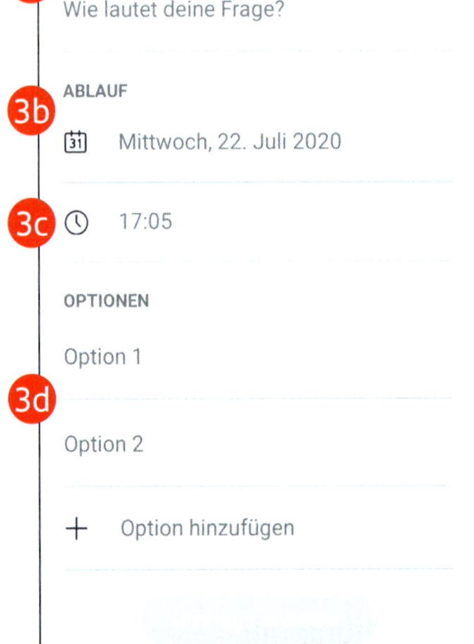

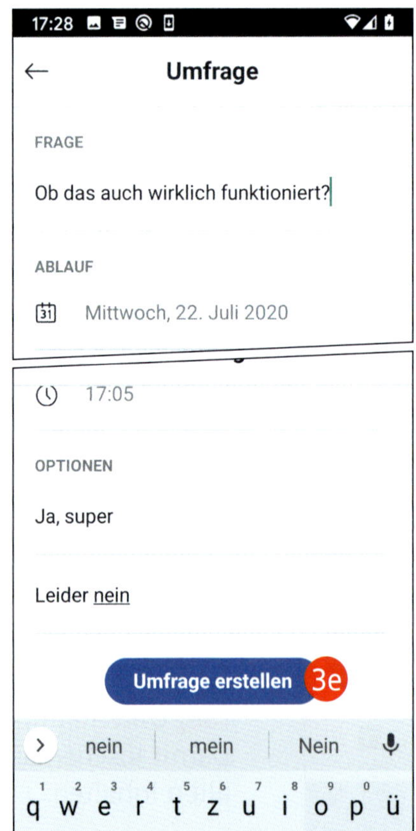

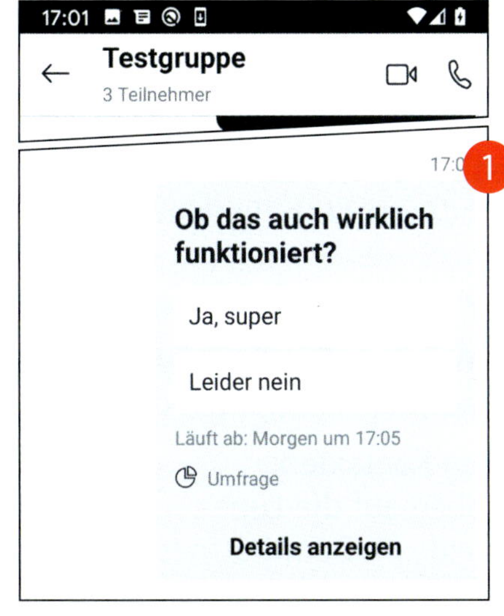

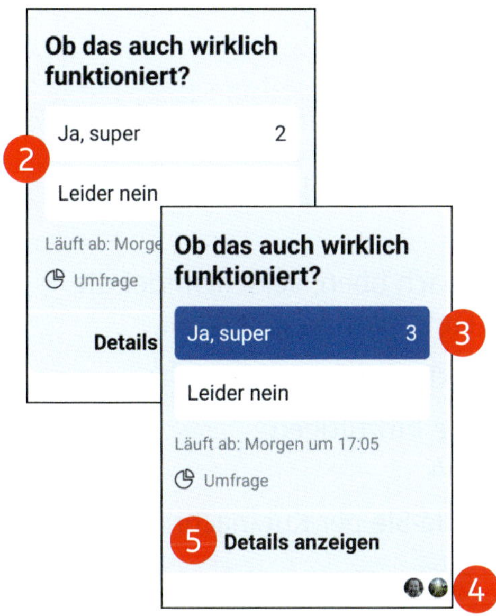

Die Umfrage ist sofort im Verlauf aller Teilnehmer zu sehen (1). Alle, Sie selbst eingeschlossen, können jetzt abstimmen.

Die einzelnen Antworten füllen sich dann mit der Anzahl der Stimmen (2). Haben Sie selber abgestimmt, färbt sich die Antwort blau (3).

Von allen Teilnehmern, die an der Abstimmung teilgenommen haben, wird das Profilfoto angezeigt (4).

WICHTIG:
Alle Teilnehmer können bis zum Ende der Umfrage ihre Meinung noch ändern – einfach mit einem Tipp auf eine andere Antwort.

Umfrage Details

Tippen Sie auf Details anzeigen (5), um die Ansicht zu öffnen:

(5a) Die Kennzeichnung als Initiator

(5b) Anzahl der Teilnehmer

(5c) Die Frage der Umfrage

(5d) Ablaufdatum und -Zeit

(5e) Antworten
Hier finden Sie die einzelnen Antworten mit dem Abstimmungsergebnis. Hier ist auch Ihr eigenes Profilfoto zu sehen.

Ändern Sie Ihre Meinung, tippen Sie einfach auf eine andere Antwort.

(5f) Antworten – Details
Tippen auf den Pfeil neben einer Antwort, sehen Sie ganz genau, wer wie abgestimmt hat.

Gut zu wissen:
Die Teilnehmer sehen nur die Anzahl der Stimmen zur jeweiligen Antwort, die Details können sie nicht öffnen.

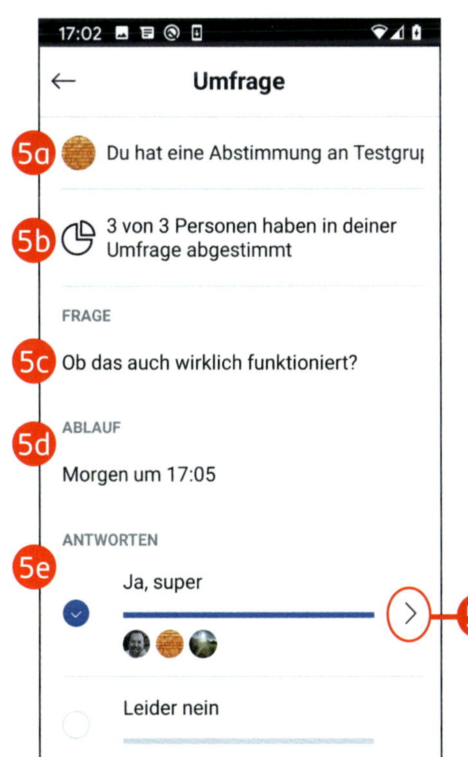

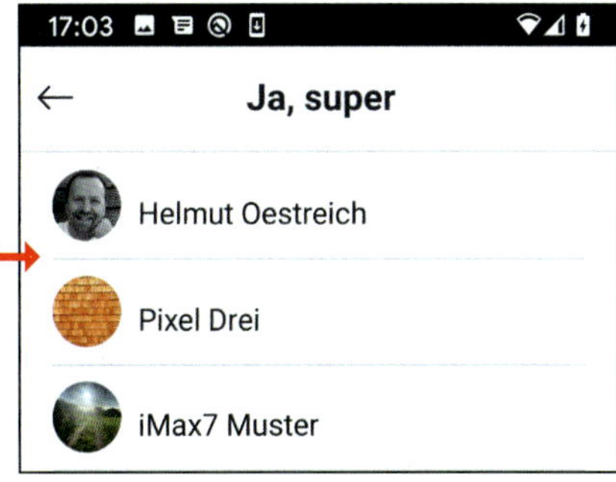

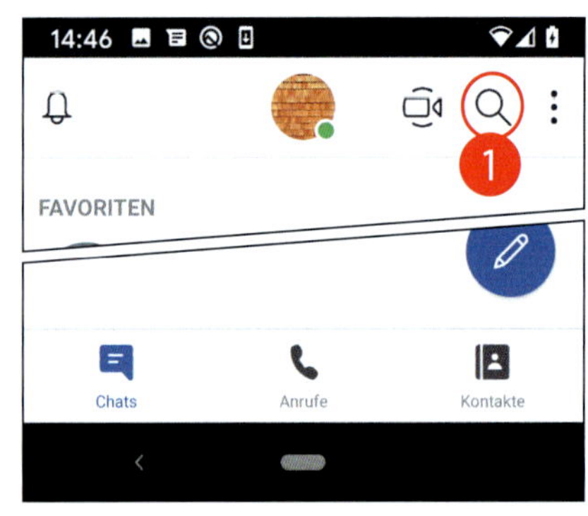

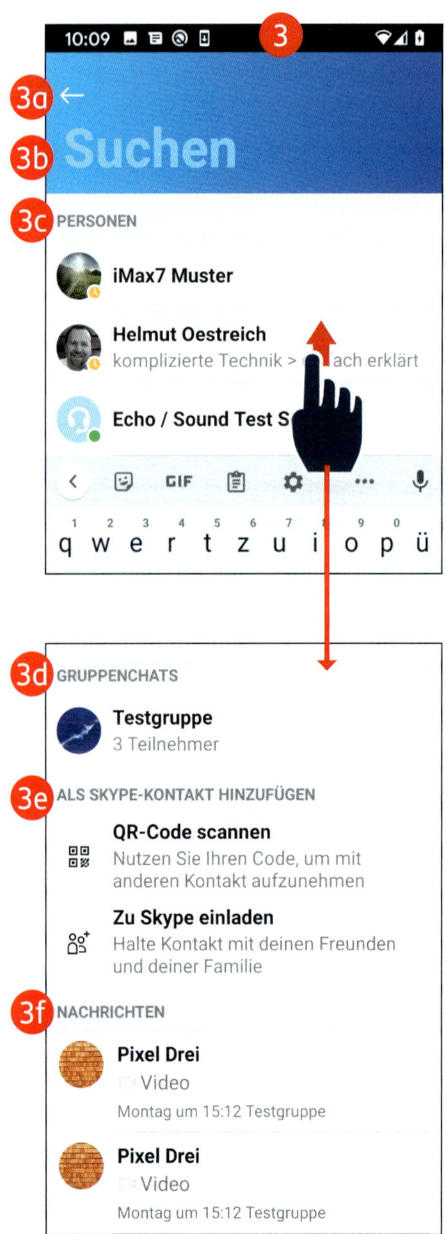

Suche nach Kontakten

Gleich nach dem Einrichten sucht Skype in Ihrem Adressbuch nach Kontakten, die bereits Skype nutzen, und legt diese bei Ihren Skype-Kontakten ab. Dabei werden Name, E-Mail und/oder Mobilfunknummer abgeglichen.

So weit, so gut.
Aus Datenschutzgründen sollten Sie diese Funktion nach dem ersten Durchlauf aber abschalten (Seite 36).

So suchen Sie nach neuen Kontakten:
Tippen Sie dazu rechts oben auf die Lupe (1) bzw. bei Apple auf das Suchfeld (2). Damit öffnet sich das eigentliche Suchfenster (3):

(3a) Zurück zur normalen Ansicht

(3b) Suchzeile
Hier geben Sie den Suchbegriff ein.

(3c) Bereits registrierte Kontakte

Schieben Sie die Liste nach oben, verschwindet die Tastatur und weitere Einträge sind zu sehen:

(3d) Gruppenchats = aktuelle Gruppen

(3e) Als Skype-Kontakte hinzufügen
• Mit QR-Code > Seite 54

• Mit einer Einladung, die Sie per Kurznachricht oder E-Mail verschicken.

(3f) Nachrichten
Eine Liste mit Ihren letzten Aktivitäten.

Zur Erinnerung:
Ein Skype-Profil besteht aus mehreren Elementen:

• Skype-Anzeigename = Vorname, Name

• Profilbild

• Skype-Name = Automatisch generierte Kennung
Früher konnte man hier noch ein eigenes Kürzel vergeben.

• Ort = Wohnort
Hier können Sie auch einen freien Text eingeben.

Genau diese Elemente sehen Sie auch in der Suche.

Nur wenn diese Daten gut gepflegt sind, finden Sie andere – und werden selbst gefunden.

Weiter geht's auf der nächsten Seite >>

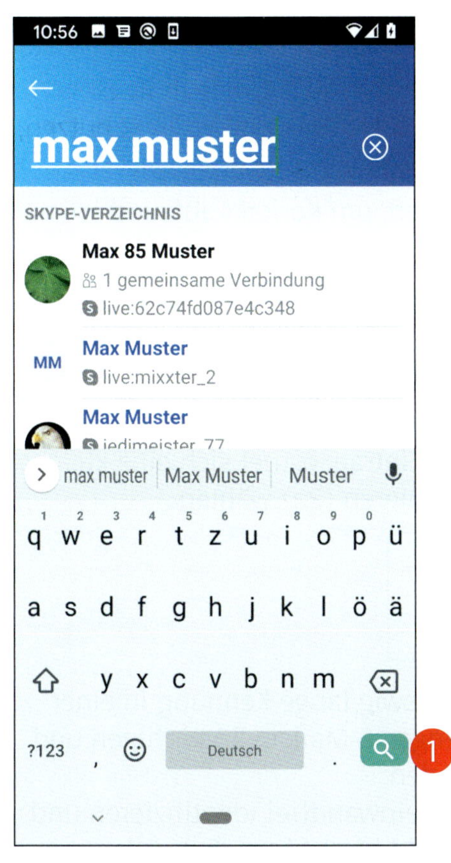

Suche starten

Für unser Beispiel habe ich mir den berühmten Max Muster ausgesucht.

Geben Sie in die Suchzeile die ersten Buchstaben ein, werden schon Ergebnisse angezeigt. Haben sie den ganzen Suchbegriff eingegeben, tippen Sie in der Tastatur auf die Lupe (1) (iPhone/iPad = Suchen).

Damit verschwindet die Tastatur und eine endlose Liste mit den Suchergebnissen erscheint (2).
Sie sehen schon, so einfach ist es nicht, das richtige Suchergebnis zu finden. Name, Skype-Name und auch der selten hinterlegte Wohnort hilft da nicht wirklich weiter.
Und das Profilfoto ist selten mehr als ein Symbol.

Und wie finden Sie jetzt den richtigen Max?

Dafür gibt es mehrere Möglichkeiten:

(3) Kontakt aufnehmen
TIPPEN Sie auf ein Suchergebnis und senden Sie eine Nachricht.

(4) Profil öffnen
LEGEN Sie Ihren Finger auf ein Suchergebnis und wählen Sie aus dem kleinen Menü Profil anzeigen:

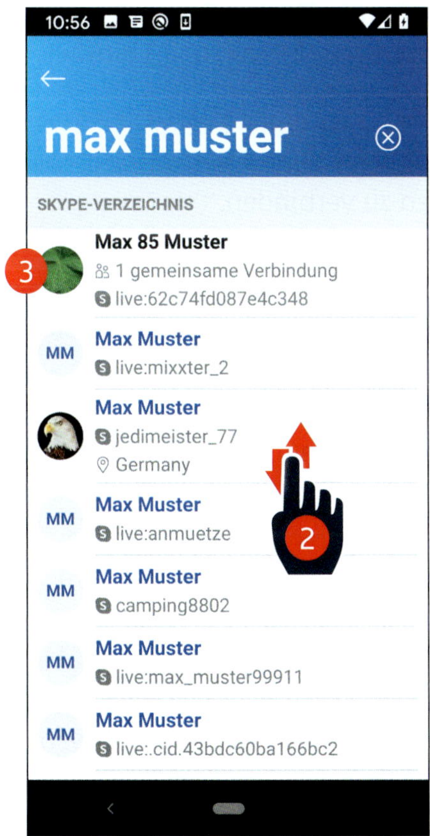

Im Profil sehen Sie zumindest das Profilfoto etwas größer – wenn hinterlegt. Mehr brauchbare Infos zur Identifizierung finden Sie auch hier nicht:

Insgesamt ist die Suche also nicht so zielführend, wie sie sein müsste. Das liegt unter anderem an der Menge der Skype-Nutzer und damit verbundenen Einträge mit dem gleichen Namen. Bei Max Muster sind es über 100!

Einfacher und schneller ist es, sich die Kontaktdaten schicken zu lassen.
Mehr dazu auf der nächsten Seite >>

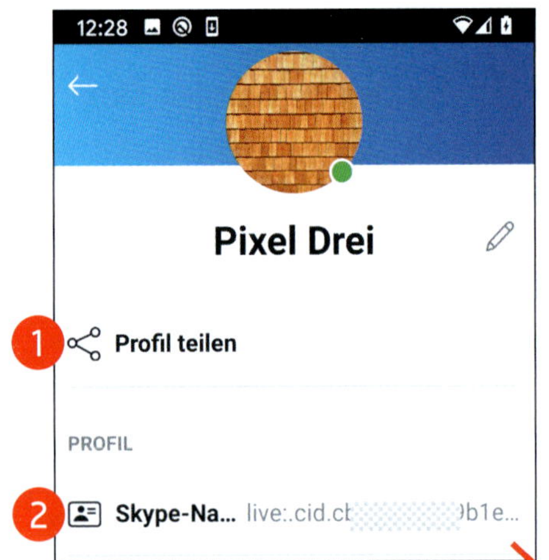

Kontaktdaten teilen/senden

Jemanden über die normale Suche zu finden, ist echt schwierig und von den Informationen abhängig, die der Gesuchte hinterlegt hat.

Aber es gibt Alternativen, um Kontakt aufzunehmen:

(1) Profil teilen
Öffnen Sie Ihr Profil und tippen Sie dort auf Profil teilen, um das neue Fenster zu öffnen.
Mehr dazu weiter unten.

(2) Skype-Namen senden
Tippen Sie auf diesen Eintrag, öffnet sich eine kleines Fenster, in dem Sie Kopieren (2a) wählen.

Jetzt können Sie diese ewig lange Kennung in einer anderen App (Messenger, E-Mail, o. ä.) einfügen und an einen Kontakt senden.
Dieser kann Sie damit einwandfrei identifizieren und als neuen Skype-Kontakt hinzufügen. Entweder über die Suche oder direkt über Neuen Kontakt anlegen.

(1a) In Zwischenablage kopieren
Mit einem Tipp darauf können Sie Ihre Skype-Daten in eine andere App (Messenger, E-Mail, o. ä.) einfügen und an einen Kontakt senden.
Letztendlich versenden Sie eine vorgefertigte Einladung, die den Empfänger überreden soll, sich per Skype mit Ihnen zu verbinden.

Eventuell muss er dazu aber erst ein eigenes Skype-Konto anlegen.

(1b) QR-Code anzeigen/einlesen (scannen)
Damit können Sie ganz einfach und schnell die Skype-Daten Ihres Gegenübers einlesen.
Das funktioniert aber natürlich nur, wenn Sie sich räumlich nahe sind.

Beide öffnen dann dieses Fenster mit dem eigenen QR-Code. Über QR scannen können mit der Kamera die Daten des anderen eingelesen werden (1d).

(1c) Mehr = (1a)
Der einzige Unterschied: Sie erhalten sofort eine Auswahl an Übertragungsmöglichkeiten und müssen nicht per Hand in eine andere App wechseln.

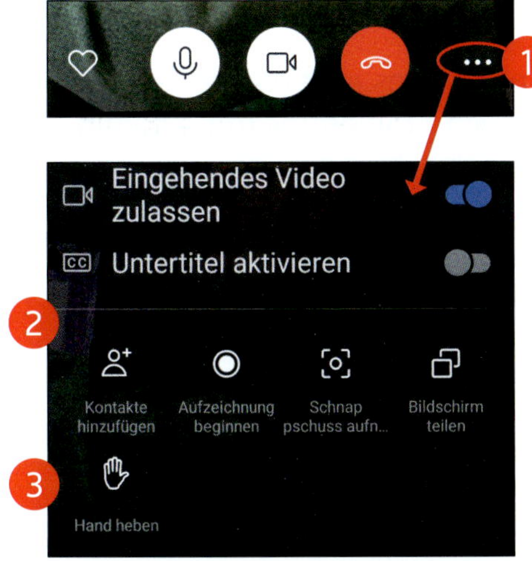

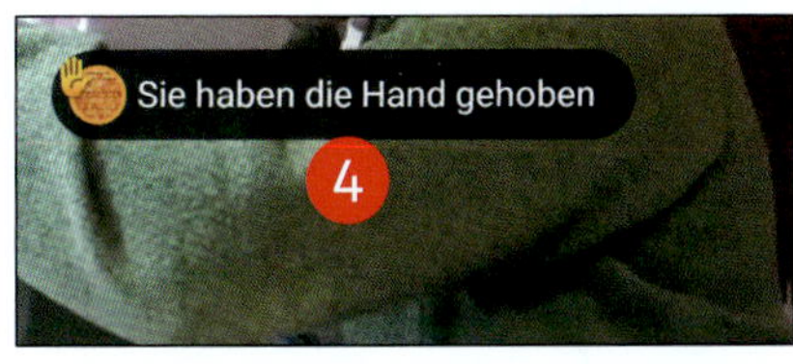

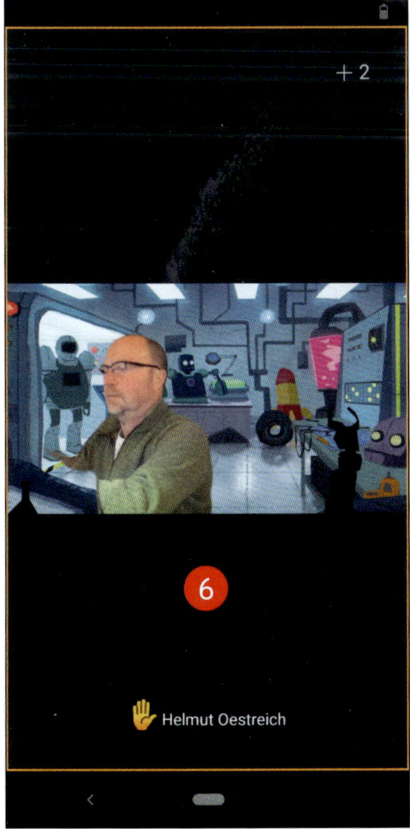

Hand heben

Das kennen Sie vermutlich aus dem echten Leben, wenn in einer Gesprächsgruppe alle durcheinander quatschen. Hebt dann jemand die Hand bedeutet das: „Ruhe bitte, ich habe etwas Wichtiges zu sagen."

Die digitale Version davon finden Sie seit kurzem in den Video-Gruppen.

Tippen Sie auf das 3-Punkte-Symbol (1), um das Menü zu öffnen (2).
Dort tippen Sie auf Hand heben (3). Dann erhalten alle Teilnehmer – auch Sie selbst – einen Hinweis (4), dass Sie die Hand gehoben haben. In der kleinen Vorschau ist die Hand ebenfalls zu sehen (5).

Haben Sie dann das Wort erhalten, wird Ihr Kamerabild mit einem gelben Rahmen und der erhobenen Hand gekennzeichnet (6).

Vergessen Sie nicht, die erhobene Hand wieder zu deaktivieren. Tippen dazu erneut auf das Menü und dort auf Hand senken.

Skype auf dem iPhone

Für die Geräte von Apple gibt es eine eigene Version und Sie können damit auch problemlos mit Android kommunizieren.

Die Bedienung ist zu 99% identisch mit Android, es gibt lediglich kleine Unterschiede:

(1) Darstellung Chat-Verlauf

(2) Neue Unterhaltung starten

(3) Suche

(4) Ansicht sortieren

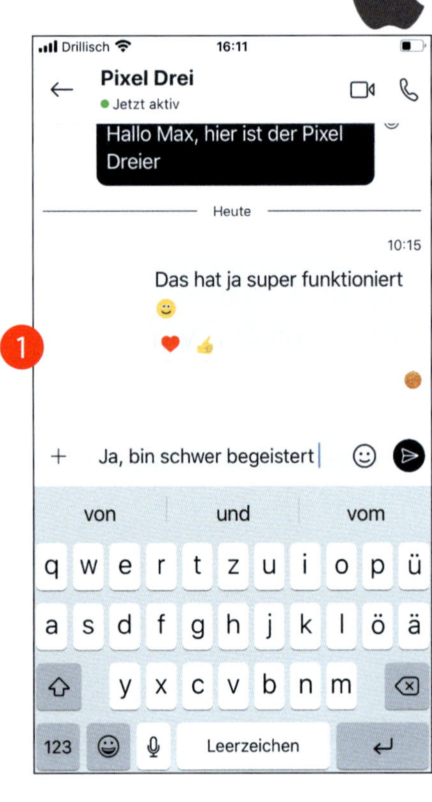

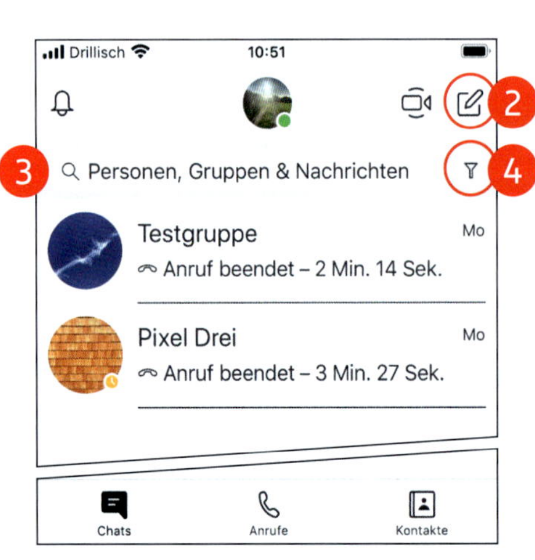

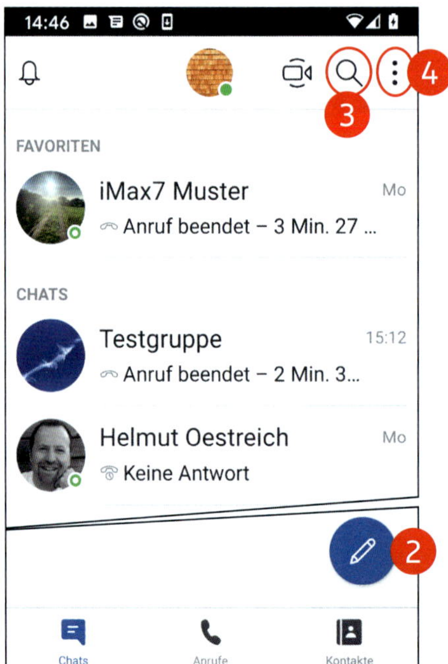

Skype auf dem Tablet (iPad)

Auch hier sind Darstellung, Bedienung und Funktionen einfach übertragbar:

(1) Das eigene Profil
Tippen Sie darauf, um das Menü zu öffnen > Seite 32

(2) Neuen Chat starten

(3) Favoriten & Chat-Übersicht
Tippen Sie auf einen Eintrag, wird der Verlauf dazu auf der rechten Seite angezeigt.

(4) Verlauf
Klicken Sie auf den Namen, um das Profil mit allen Einstellungen zu öffnen > Seite 30

(5) Video-Chat starten > Seite 26

(6) Telefonanruf starten > Seite 24

(7) Anhang-Menü > Seite 42

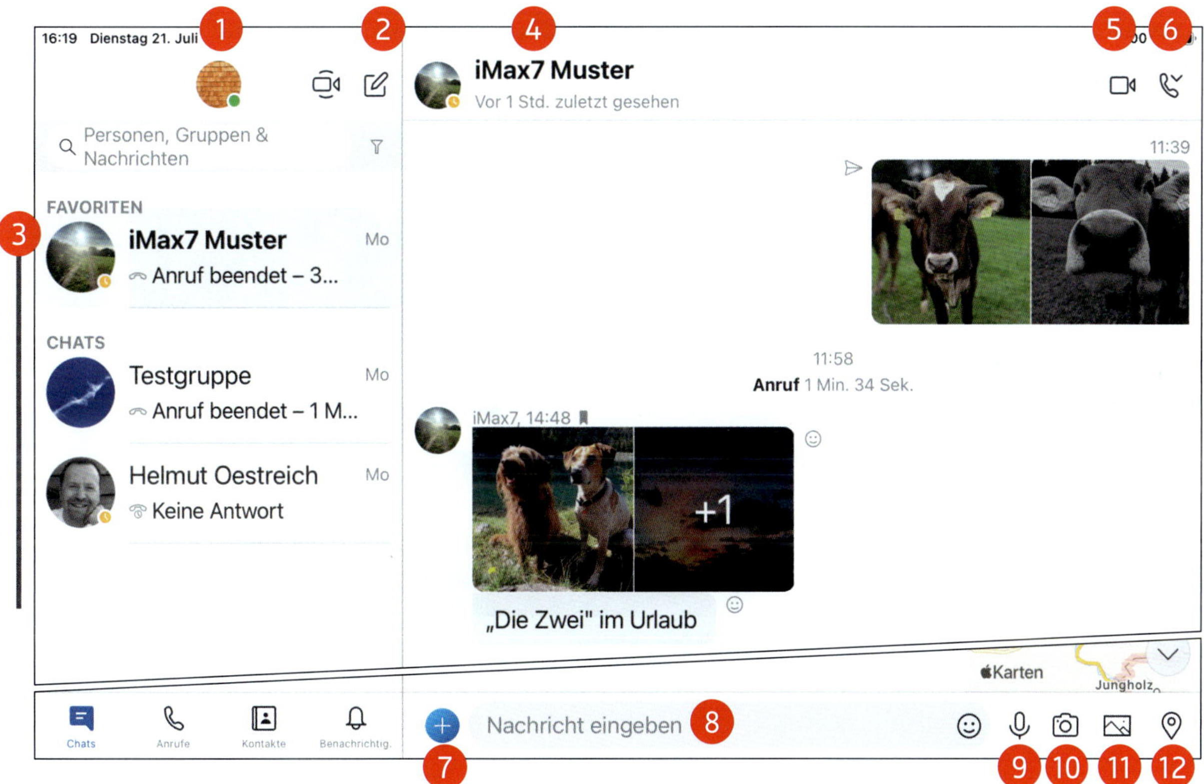

(8) Texteingabe

(9) Sprachnachricht aufnehmen > Seite 17

(10) Neues Foto aufnehmen/versenden > Seite 20

(11) Foto aus der Galerie auswählen > Seite 18

(12) Standort versenden > Seite 21

Skype am Computer

Darstellung, Bedienung und Funktionen werden Sie sofort wiederkennen:

(1) Das eigene Profil
Klicken Sie darauf, um das Menü zu öffnen > Seite 32

(2) Neuen Chat starten

(3) Favoriten & Chat-Übersicht
Klicken Sie auf einen Eintrag, wird der Verlauf dazu auf der rechten Seite angezeigt.

(4) Verlauf
Klicken Sie auf den Namen, um das Profil mit allen Einstellungen zu öffnen > Seite 30

(5) Video-Chat (Videonat) starten > Seite 26

(6) Telefonanruf starten > Seite 24

(7) Gruppe mit diesem Kontakt anlegen > Seite 42

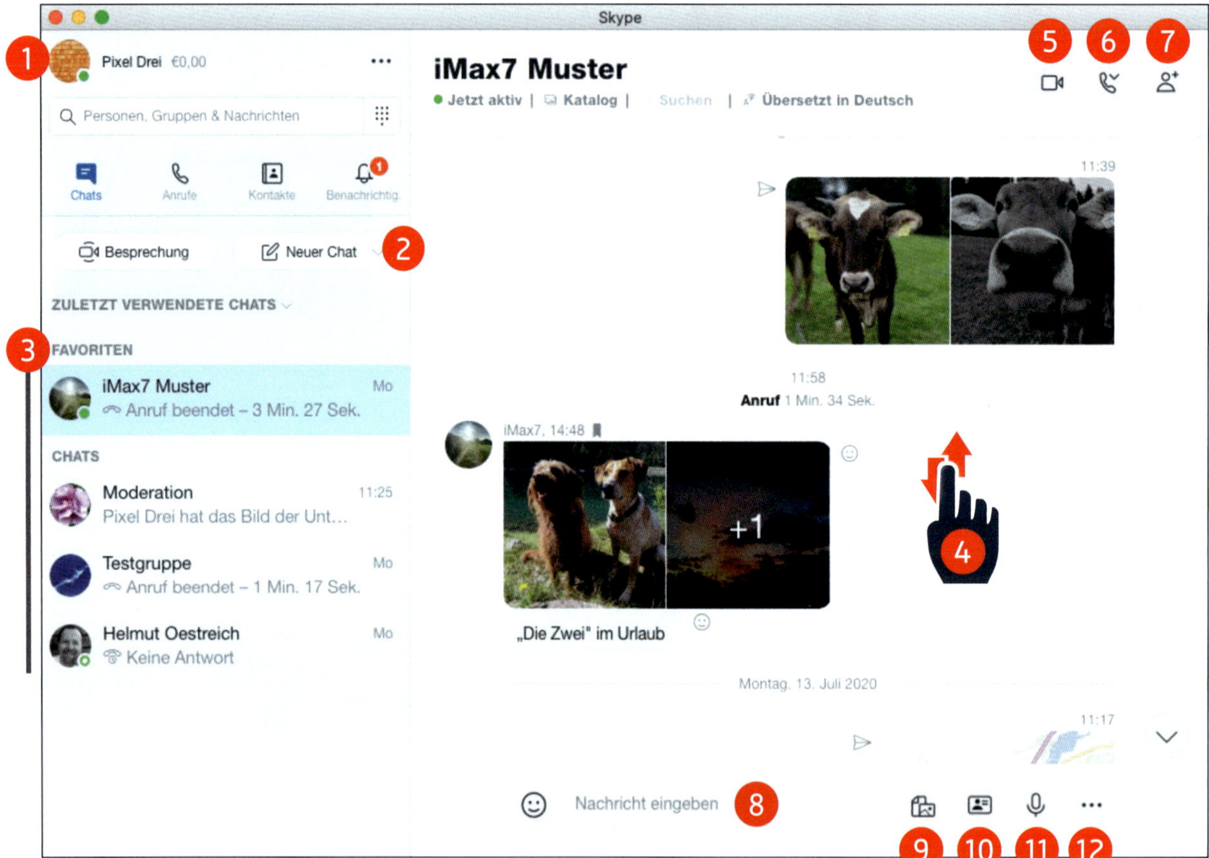

(8) Texteingabe

(9) Dateien (auch Foto) auswählen/versenden > S. 18

10) Einen Kontakt an diesen Chat-Partner senden

(11) Sprachnachricht aufnehmen > Seite 17

(12) Zusätzliche Auswahl > Seite 21
Standort | Videonachricht | Anruf planen | Umfrage

Videonat am Computer

Mit diesen Bedienelementen:

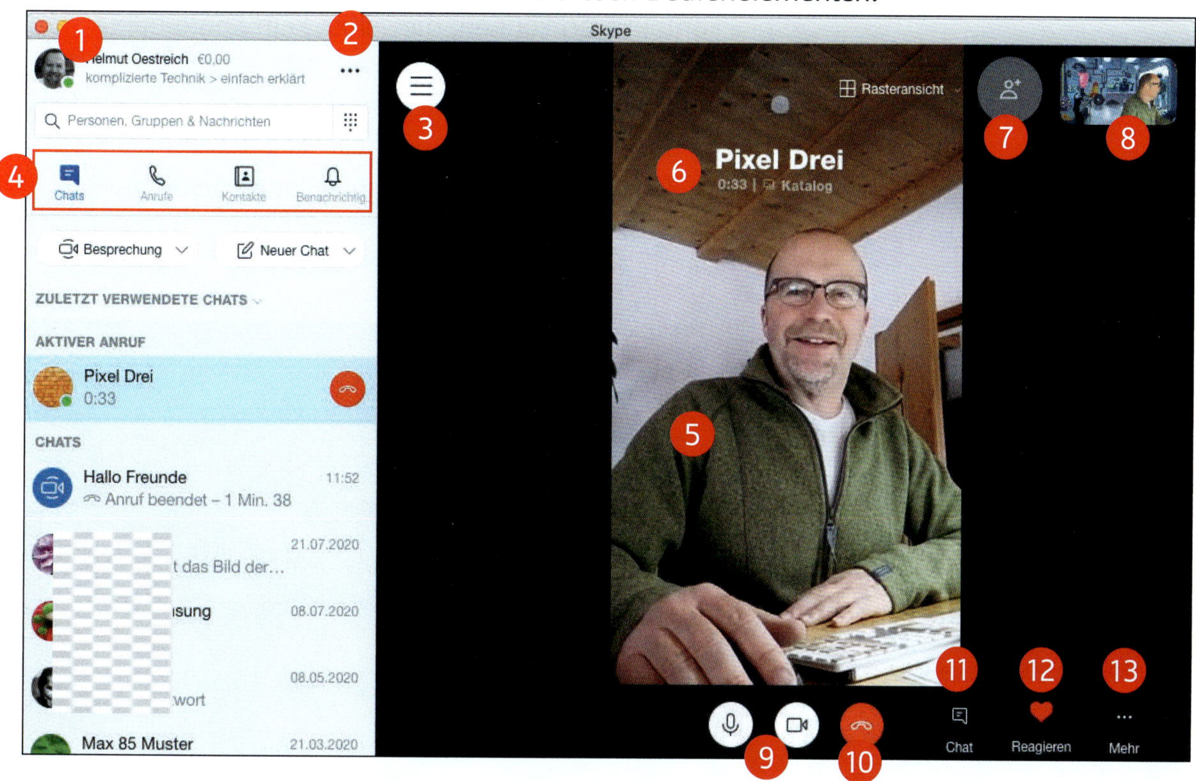

(1) Das eigene Profil
Klicken Sie darauf, um das Menü zu öffnen > Seite 32

(2) Einstellungen öffnen > S. 34

(3) Seitenleiste ein- und ausblenden

(4) Auswahl Übersichten

(5) Bild des Gesprächspartners

(6) Infos zum Gespräch

(7) Zusätzliche Teilnehmer hinzufügen

(8) Ihr eigenes Kamerabild

(9) Mikrofon & Kamera EIN/AUS

(10) Verbindung beenden

(11) Chat EIN/AUS

(12) Reagieren = Smiley versenden

(13) Mehr = Auswahl öffnen

Mehr-Auswahl (13)

A Bildschirm teilen
Aufzeichnung beginnen B
C Schnappschuss aufnehmen
Untertitel aktivieren D
E Hintergrundeffekt auswählen
Eingehendes Video deaktivieren F
G Anruf halten
Audio- und Videoeinstellungen H

(A) Bildschirm teilen
Zeigen Sie anderen Ihren Bildschirm

(B) Aufzeichnung beginnen

(C) Schnappschuss aufnehmen = Bildschirmfoto

(D) Untertitel aktivieren > Seite 38+

(E) Hintergrundeffekt auswählen
Ersetzen Sie den echten Hintergrund mit einem Bild.

(F) Eingehendes Video deaktivieren
Kamera-Übertragung des Teilnehmers ausschalten

(G) Anruf halten = Pause

(H) Audio- und Videoeinstellungen > (E)

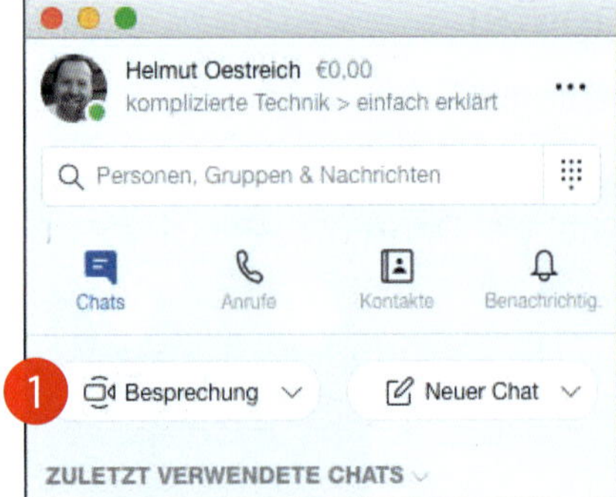

Besprechung

Eine praktische Funktion, mit der Sie Personen kontaktieren können, die selbst kein Konto bei Skype haben.

So geht's:
(1) Tippen Sie auf Besprechung, um eine neue Besprechung anzulegen.
Damit öffnet sich dieses Fenster:

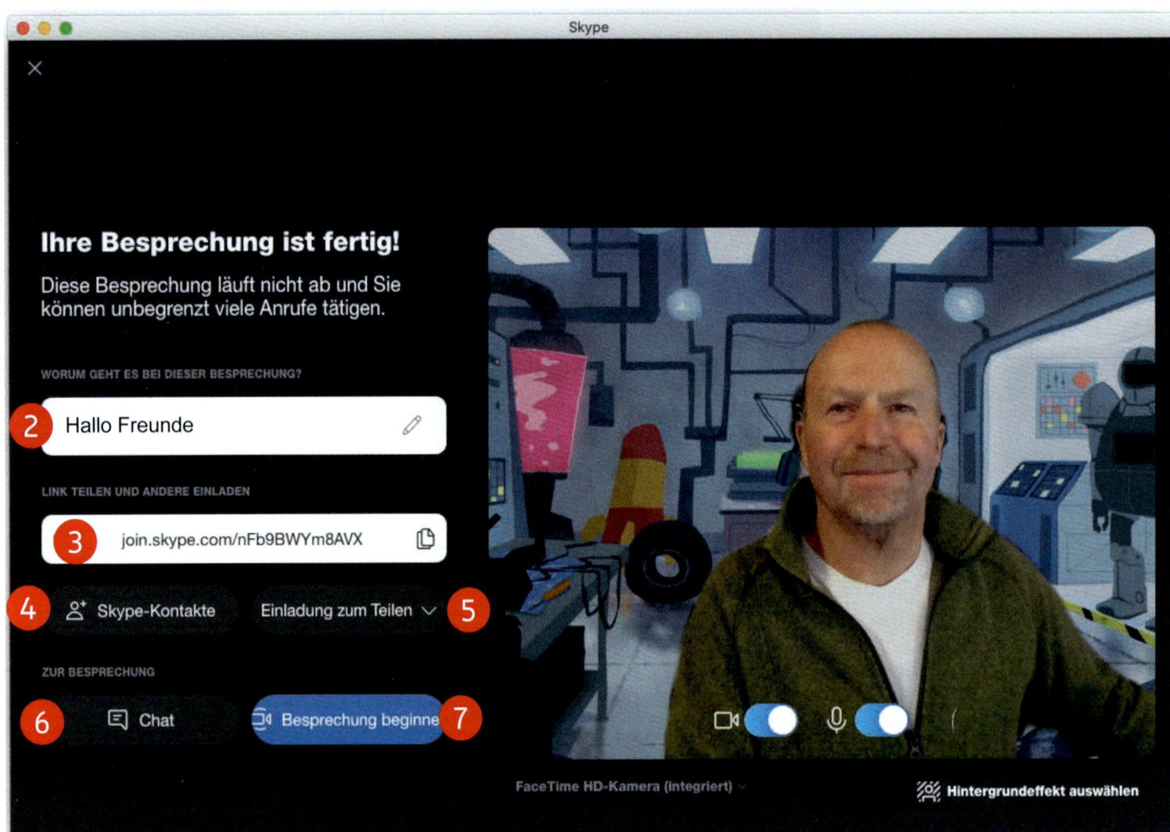

WICHTIG:
Für eine Besprechung sollten Sie vorab immer einen Zeitpunkt vereinbaren – es gibt ja keine echte Anruf-Funktion. Alle Teilnehmer müssen der Besprechung selbständig beitreten.

Für eine Teilnahme auf einem mobilen Gerät muss die App installiert sein. Ein eigenes Konto bei Skype ist NICHT erforderlich, die Teilnahme erfolgt als Gast.

Mehr auf der nächsten Seite >>

(2) Namen für die Besprechung eingeben

(3) Internet-Adresse (Link) für die Besprechung

(4) Skype-Kontakte dazu einladen

(5) Einladung teilen
Damit verschicken Sie eine Einladung mit dem Link an die Teilnehmer.

(6) Sofort einen Chat starten

(7) Sofort eine Videokonferenz starten

Besprechungen werden als normale Chats angezeigt:

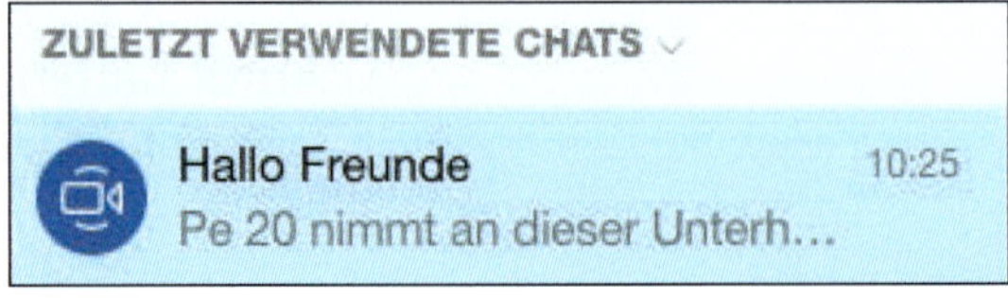

Besprechung für „mobile" Teilnehmer ohne Skype-Konto

Tippen Sie auf den Link (1), den Sie per E-Mail oder Kurznachricht erhalten haben. Dann öffnet sich das Begrüßungsfenster von Skype in Ihrem Browser (2).

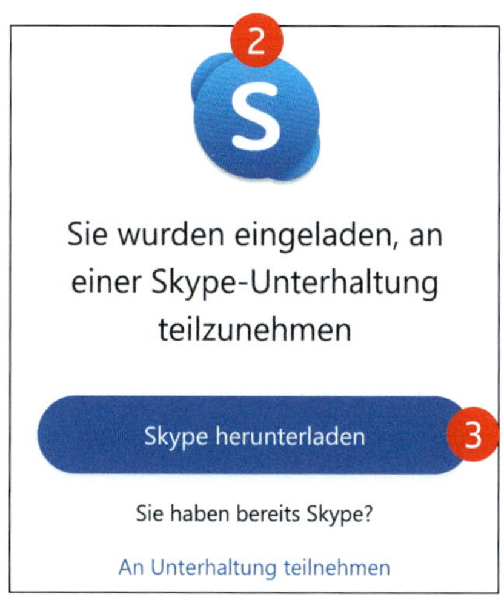

Tippen Sie hier auf Skype herunterladen (3). Damit öffnet sich am iPhone/iPad der App-Store bzw. der Play-Store bei einem Android-Gerät.

- Installieren Sie die Skype-App
- Öffnen Sie Skype
- Tippen Sie im Begrüßungsfenster auf Los geht's.
- Im nächsten Fenster von Skype wählen Sie Als Gast teilnehmen (4).
- Vergeben Sie einen Namen
- Tippen Sie auf An Unterhaltung teilnehmen (5)

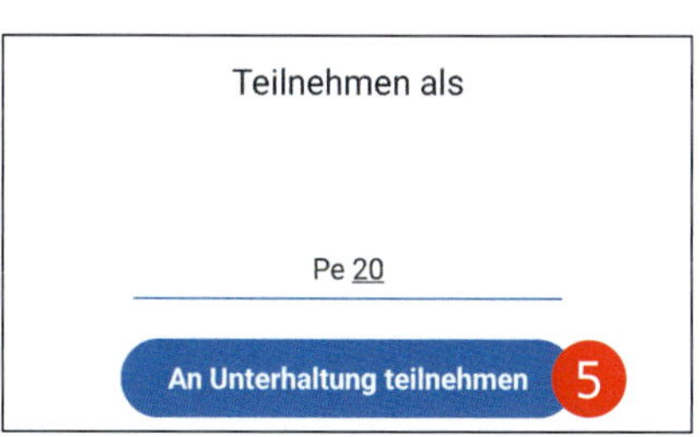

Dann folgen noch die Abfragen für die Kamera und das Mikrofon, die Sie beide aktivieren und freigeben sollten (6):

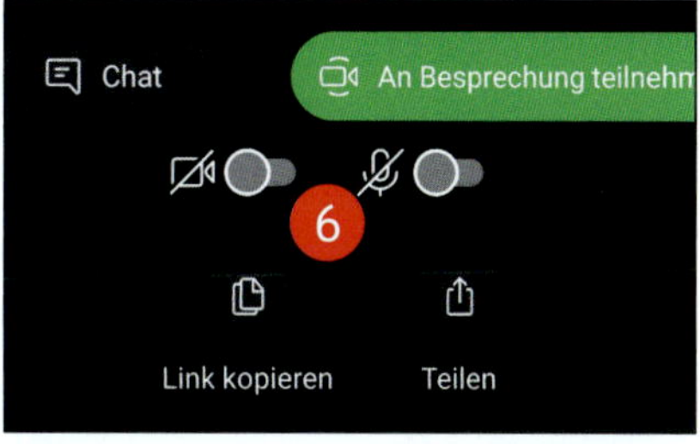

Haben Sie das erledigt, wird Ihr Kamerabild angezeigt und Sie können An der Besprechung teilnehmen (7).

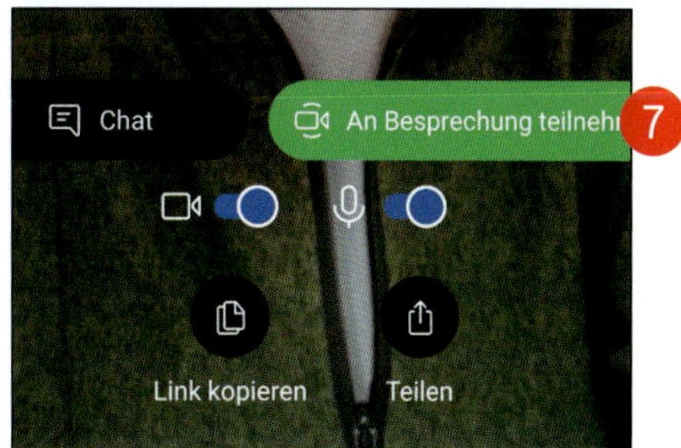

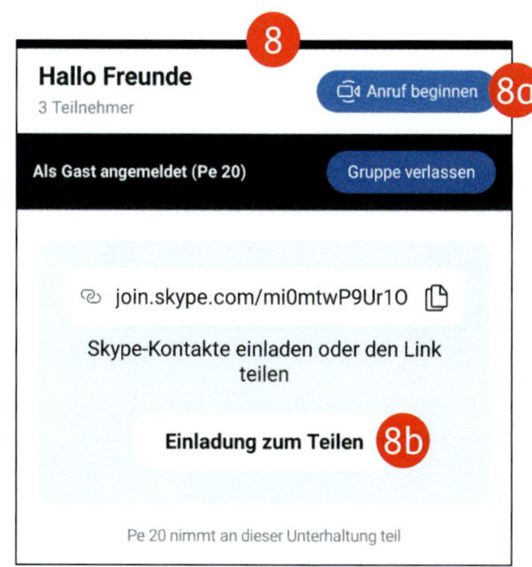

TIPPs:

- Einmal eingerichtete Besprechungen können Sie immer wieder verwenden – wenn alle Teilnehmer den Link dazu noch haben.
- Öffnen Sie Skype auf einem mobilen Gerät, wird die zuletzt aktive Besprechung angezeigt (8).
  Sie können sofort eine Besprechung starten (8a) und auch neue Teilnehmer dazu einladen (8b).

Index

Verzeichnis der Stichwörter